정치사기꾼과 세금도둑들

정치사기꾼과 세금도둑들

지금 우리에게 필요한 것은 힐링이 아닌 현실인식이다

황장수 지음

『안철수, 만들어진 신화』 저자 황장수
대한민국의 위선을 고발한다

미래지향
도서출판

목차

들어가며 · 10

1부 • MB 정권의 의혹들

1. 내곡동 사저 파문 · 21
한 사람의 판단은 살아온 과정을 보면 된다 / MB 정권의 한심한 수준을 드러낸 사건 / 내곡동 특검

2. 디도스 음모 · 26
디도스 의혹 / 프로파일링 관점에서 본 디도스 주범은? / 디도스 특검

3. 좌초하는 UAE 원전과 해외 자원개발 사업 실패 · 32
'제2의 4대강'이 돼가는 UAE 원전 수주 / 위키리크스, UAE 원전 덤핑수주 확인 / 숱한 암초로 좌초 중인 400억 불 사업 / 원전 증설을 밀어붙이는 숨겨진 이유들 / 해외 원전사업의 현주소 / 쿠르드 유전 실패 / 원전 등 해외 대형 프로젝트 수주와 자원개발의 함정

4. MB 정권 최대특혜 '강남 한전부지' 매각 및 개발의혹 · 53
서울의 마지막 남은 금싸라기 땅 / 그 땅에 차라리 장기임대 주택을 지어라

5. 민간인 사찰 무마에서 드러난 이 정권의 쪼잔함 · 57
MB 정권의 디테일 한 뒤끝 / '비즈니스 프랜들리 정권'의 한계

6. 정권이 해먹는 수법 · 62

2부 • 대공황과 경제개혁

1. 대공황, 유럽과 전 세계 정치를 봐라 · 69
요동치는 세계정세 / 세계 경제 위기의 원인 / 문제는 한국이다! / 이 위기가 답조차 없는 이유

2. 세계불황에 의한 카다피 몰락과 한국건설의 위기 · 80
부패한 카다피의 몰락 / 누가 부패한 독재정권을 만들었나 / 해외 진출에 대한 스스로의 규제와 원칙 필요

3. 재벌 개혁이 필요한 이유 · 87
정경유착은 전 세계적 현상 / MB 정권이 대기업에 선사한 선물들 / 지금 청춘들은 힐링이 우선이 아니다 / 공존이냐, 공멸이냐 재벌개혁에 달렸다

4. 부패공화국이 유지되는 이유는 '간접세' 때문? · 99
세금 구조의 비밀 – 간접세 / 저들이 훔쳐먹고 빼먹는 것은 결국 내 돈이다

5. 反 복지 세력 실체는 '강남 탈세동맹' · 105
반복지 세력의 실체 / 눈치 보는 한심한 민주당

6. 경제민주화 논쟁 · 110
정치경제학 / 누구를 위한 경제민주화 논쟁인가

7. '부자만' 정치해 '더 큰 부자' 만드는 1%의 나라 · 115
부자에 의한 부자를 위한 부자의 정치 / 분노는 정확한 목표를 향해 폭발해야

3부 • 대한민국의 그늘

1. 저축은행에 공적자금 투입 말고 파산시켜라 · 123
돈 먹는 하마 저축은행 / 부산 저축은행 사태 / 공적 자금투입 반대한다

2. 비리 복마전 입시제도 이면의 계급적 꼼수 · 131
입학사정관제도의 허구 / 소수의 암시장에서 다수의 공개 시장으로 / 최고의 복지, 소득 정책은 대입개혁이다 / 당장은 학력고사 부활이 정답이다

3. 반값 등록금 사회 대타협으로 풀어라 · 140
반값 등록금은 우리 모두의 문제이다 / 학생 · 정치권 · 정부 · 대학 4자 대타협을 제안하며

4. '박사논문표절'에 담긴 천민자본주의와 '知 테크' · 145
문대성의 박사논문표절 / 박사학위는 知 테크의 수단 / 천민자본주의의 극단을 보여주는 논문표절

5. 현빈 괴롭히기와 MB 정권 인권수준 · 153
국익을 가장한 연예인의 인권 무시 / MB 정권의 인권에 대한 인식 수준

6. 강제퇴거 노숙자 예산 200억, 무상급식 투표예산 182억 · 157
오세훈의 서울시는 얼어, 굶어 죽을 자유만 있다 / 진정한 보수주의자

7. 의료보험 해체와 영리병원 음모 · 161
병원을 돈벌이로 보는 세력들 / 흔들리는 건강보험 시스템

8. MB의 파이시티 해법에서 보이는 '집단 망각증' · 165
한국인의 기억유전자는 최대 2달? / 파이시티 사건에서 보인 집단 망각증

4부 • 야권, 진보진영은 정신 차려야

1. 야권은 왜, 3개월 만에 망해버렸을까? · 173
야권의 4월 총선 패배 원인 / 현재 야권은 용기가 없다 / 정치는 절제된 언어로 대중의 영혼을 울리는 품격이 있어야 한다

2. 완전국민참여경선에 감춰진 기성 정치권의 꼼수 · 182
완전국민경선제 / 기성 정치권의 꼼수 완전국민참여경선

3. 진보세력의 한계 · 187
진보세력의 동력 상실 / 닉슨과 통합진보당 누가 더 진보적인가? / '입 진보' 그만 보고 싶다 / 곽노현, 원칙과 정의를 우습게 알았는가

4. 실천하는 자가 진보정치인이다 · 201
진보는 말이 아닌 행동이다 / 진보는 가치에 대한 실천에서 나온다

5. 야권은 성권 비리 청산 의지가 있는가 · 205
여야의 차이는 비리 정도의 차이

5부 • 선거와 정치개혁

1. 최시중과 선거 여론조사 · 211
여론조사, 대선을 결정하다 / 역린을 건드릴 수 있을까

2. 2012년 대선 향배, 검증과 위선에 달려있다 · 217
정치시즌의 명분 없는 사람들 / 레임덕 없는 MB 정권 / 위선에 대한 검증이 대선을 결정한다

3. 대선 관전 '티핑포인트 or not' · 226
예측 불가능한 2012년 대선 / 정치에 대한 대중들의 성향 / 대선 티핑포인트

4. 정치개혁, 깨어있자 · 234
한국 정치는 과연 개혁되고 있는가? / 진영논리, 가짜 명분으로 먹고사는 정치권의 불편한 진실 / 선거만 끝나면 잊혀질 소외계층

6부 • 안철수! 정치하지 마라

1. 안철수는 만들어진 신화이다 · 253

2. 악의 근원 BW · 255
안철수 측 BW 해명에 대한 반박 / '10.5% 이자에 20년 선할인' – 사기꾼도 않는 행태 / 2000년 당시 금감원의 입장

3. 새롭게 쏟아지는 의혹들 · 263
사당동 재개발 딱지와 전세 설움 / 보기 민망한 탄압 코스프레 / 정치 테마주 안랩 / 안철수가 진정한 폴리페서이다

4. 안철수의 위선 · 274
안랩의 비도덕적 경영 / 안철수는 재벌개혁을 할 수 없다 / 안철수는 최상위의 기득권층이다

5. 안철수! 정치하지 마라 · 282
안철수 신상털기의 진원지를 아십니까? / 사람의 실제는 살아온 궤적을 통해 알 수 있다 / 이소룡이 나오는 배틀 영화 '사망유희(死亡遊戱)'

들어가며

　이 글을 쓰는 지금 대선 투표일이 얼마 남지 않았다. 이번 대선은 대선후보도 아닌 안철수로 시작해서 안철수로 끝날 것 같다. 안철수라는 일개 개인에 한국사회 전체가 흔들리는 모습은 우리에게 많은 고민과 과제를 안겨주었다. 희망이 부재하고 출구가 막힌 사회, 공정과 기회가 없는 사회가 다수의 국민에게 메시아를 갈구하는 심정을 갖게 한 것이다. 안철수는 갔지만 '안철수 현상'이 우리 사회에 남긴 상흔과 교훈은 오래갈 것이다.

　최근 대학생을 상대로 한 '대학등록금 블라인드 테스트'에서 소득수준별 차별 적용이 더 많은 지지를 얻었다고 한다. 대학생들 스스로도 무조건적인 '반값등록금'이 정의의 실현은 아니라는 것을 느끼고 있음을 의미한다.

한정된 세수 자원을 이용해 고용과 내수 그리고 투자성장이 연계되는 것은 현재와 같은 전 세계 장기 불황에서 국가가 할 수 있는 사실상 유일한 수단이다. 위기가 닥칠수록 원하든 원하지 않든 정부의 역할이 중요해질 수밖에 없다. '경쟁'과 '시장'이라는 가상적이고 추상적 대상에 모든 것을 맡겼을 때 오는 결과가 전 세계가 지금 겪고 있는 금융, 재정, 부채위기이다. 강하고 큰 국가의 역할이 요구되는 시대에서 한정된 세수와 예산을 사용해 최대한 큰 효과를 거두는 것이 공정한 국가가 할 일이다. 그러나 많은 정치인들은 국가 예산의 남용이라는 유혹에서 쉽게 벗어나지 못한다. 자기 돈이 아니기 때문에 그런 것이다.

부패와 관련되어 낭비되는 대부분의 국가 예산은 탈세를 동반하기에 국가 재정에 미치는 악영향은 심각하다. 나아가 한국사회의 상류층들이 일상적으로 행하는 부동산 투기, 금융자산 운용소득, 해외송금에 의한 자산유출 등은 대부분 관행적 편법 및 탈법을 가장한 법의 허술함을 이용하기에 국가 세금구조에 노출되지 않는다.

여기에 엘리트라 불리는 전문직종 종사자, 대형자영업자, 유흥업소 등의 부패유착 커넥션은 거대한 규모의 지하경제를 형성하여 국가 GNP 30%에 가까운 규모의 세금을 잠식하고 있다. 고의적 예산낭비, 탈세, 지하경제와 부패들은 중산층과 서민에게 돌아가야 할 국가 예산의 절대액을 줄이고 갉아먹고 있다.

우리나라의 사회지도층 중 관행적(?) 부패에서 자유로운 이가 거의 없음은 각종 청문회와 선거 때 등장한 다운계약서, 딱지구입, 수

수 특혜의혹, 호화 생활 등에서 충분히 확인한 바 있다. 한 국가를 이끌어 가고 있다고 자부하는 정치인, 관료, 사법기관 등의 사회지도층 인사들이 결국 부패의 고리에 포획되어 갈 때 이들은 엘리트의 탈을 쓴 '세금 사기꾼'으로 전락하는 것이다.

이 세금 사기꾼들의 색채는 무척 다양해 진보에서 보수, NGO에서 관변단체까지 좌·우를 가리지 않고 여러 가지 모양의 탈을 쓰고 있다. 냉소적 정치혐오나 진영논리에 의한 맹목적 편 가르기의 틈새에 사이비 정치인과 세금 도둑들이 서식할 수 있는 토양들이 마련된다. 겉으로는 환경을 보호하고 노동자를 사랑한다고 떠들며 자신은 최상류의 생활을 즐기는 위선자들이나 대대로 상류층이나 기득권의 대리인으로 살아오면서 재산을 늘리기 위해 정치를 하는 정치꾼들이나 기성정치 구도를 이용해 정치생명을 연장하고자 하는 것은 마찬가지이다. 새정치를 표방하며 나타나는 자들 역시 그 내면은 기성정치인 못지않은 위선자이다.

내년 초부터 당장 수출둔화, 투자와 내수저조, 가계부채의 위기, 하우스푸어 문제, 부동산 추가 붕괴 등이 본격화할 것으로 보인다.

흔히 현실을 있는 그대로 냉정히 평가하면 비관주의적 입장이라고 지탄들을 한다. 최근 두세 달간의 신문기사와 경제 전문가의 논평만 꼼꼼히 읽어봤다면 내 말이 사실임을 누구나 알 수 있다. 돈 냄새 맡기에 도가 튼 재벌이 왜 수백 조씩을 쌓아두고 투자하지 않겠는가? 가까운 미래가 몹시 불안하기 때문이다.

한국의 경제위기는 1차적으로는 세계적 장기불황에 기인하기도 하지만 2차적으로는 우리 내부에 수십 년간 온존해오며 더욱 심화되고 있는 부패구조가 그 주요 원인이다. 정의롭고 공정하고 투명한 국가시스템으로의 개혁이 안 되었기에 외부 여건의 악화가 곧바로 내부적 위기로 직결되는 것이다.

한국은 그동안 외견상 드러난 국격의 상승에 비해 내부적 부패, 탈세구조의 청산은 매우 더디게 진행되어왔다. 재벌, 금융자본, 토건업자, 정치인, 고위관료, 토호 간에 끈끈히 형성된 유착구조는 부패 청산의 시작을 어디에서 출발해야 할지 가늠하기도 어렵게 만들었다.

고래 싸움에 새우 등 터지듯 장시간 지속된 위기에 죄 없는 서민만 죽어나고 그다음에는 중산층이 희생양이 될 것이다. 본질적 위기도 아닌 정책 운용의 오류로 벌어진 지난 97년 외환위기에서 얼마나 무수한 가정이 파괴되고 추락했는지 우리들은 분명히 기억하고 있다. 국가가 나서 이들을 위한 모든 노력을 다하지 않는다면 그것은 국가도 아니며 이를 외면하는 정치인과 관료는 죄다 표를 먹고 예산을 갉아먹는 범죄자와 다름없다.

나는 대공황이 한국사회의 부패구조를 해체하고 리셋팅을 가져올 좋은 기회라고 생각한다. 사회의 기득권층은 그간의 부패와 탐욕을 접고, 사회적 약자는 분노와 증오를 접을 때, 즉 서로가 조금씩 양보할 때 모두가 더불어 살아갈 수 있는 세상을 상상할 수 있다. 파멸에 이르지 않기 위해서라도 우리는 새로운 공정 투명 사회를 향한 첫걸음을 시작해야 할 때이다. 시작을 제대로 해야 최대한 빠른 시간에 위

기를 극복할 수 있는 것이다

    나의 이번 책《정치사기꾼과 세금도둑들》은 우리 사회 기득권의 잘못된 욕망과 부패를 해부하고 그것이 온존하는 구조에 대한 치열한 문제 제기이다. 이에 대한 대안은 이어지는 본문에서 세세히 기술할 예정이다.

    나는 보수도 진보도 아닌 사람이며 '진영'이라는 말 자체를 '먹거리 추구 집단'으로 생각하여 혐오하는 사람이다. 현재와 같은 진보와 보수의 모습이 그들의 참모습이라면 나는 차라리 무이념론자가 되고 싶다. 그러나 나는 사회를 증오하고 비판하기보다는 여전히 희망을 품고 살만한 곳이라고 생각하는 사람이다.

    지난 30여 년간 나름 보다 나은 세상을 위해 많은 고민을 했고 시행착오 또한 겪었다. 나는 진보와 보수의 위선과 허울을 모두 절실히 느껴본 사람으로서 가감 없이 내 생각을 이 책에서 말할 것이다. 구호나 포장보다는 실체가 중요한 것이기에, 사회를 해부함에 있어 적당하기보다는 때로는 신랄하고 시니컬 해야 세상에도 약이 될 수 있다.

    '안철수 현상'에서 나는 너무나도 비겁한 우리 사회의 오피니언 리더와 진보지식인들의 모습을 보았고 기득상류층과 지식인 사회의 위선을 생생히 목격했다. 밥벌이와 출세를 위해선 지식인들 스스로의 양심과 명분은 얼마든지 가볍게 바꿀 수 있음도 알게 되었다.

    이 책은 비굴한 지식인과 영혼이 없는 기득권 사회에 보내는 나의 조롱이자 생생한 분노이다. 나의 이러한 고발에 되도록 많은 사람들이 자신의 삶을 되돌아볼 수 있는 기회를 가지길 기대해 본다.

모든 치료에 있어 진단이 정확해야 결과도 제대로 기대할 수 있다. 나의 거칠지만 날카로운 진단이 이 사회의 양심 없는 이들의 가슴을 찌르고 부패한 자들에겐 두려움을 초래하길 기대한다. 나아가 꽉 막힌 희망 없는 세상의 출구를 어디에서 찾을지 몰라 방황하는 수많은 청춘들에게도 사이비 '힐링'이 아닌 '냉철한 현실 자각의 기회'가 되기를 희망한다.

현실 세상은 갑자기 나타난 메시아가 가볍게 책임 없이 던진 말 몇 마디에 치유될 수 있는 곳이 아니다. 듣는 순간은 상쾌하지만 돌아서면 냉혹한 현실은 그대로인 마약과도 같은 힐링은 걷어치워야 한다. 지금이라도 기회가 있을 때 희망의 출구를 제대로 찾아야 한다. 그리고 탐욕에서 인간적 양심으로 마음을 고쳐먹어야 한다.

나는 몇 년 전 〈어메이징 그레이스〉란 영화를 보고 큰 충격과 감명을 받은 적이 있다. 이 영화는 홍보 문구 그대로 '세상을 바꾼 영웅의 숭고한 이야기'이다. 18세기 영국 최초로 노예 폐지 운동에 앞장서 오랜 투쟁과 실천 끝에 자신의 주장을 관철한 한 양심적 귀족의 이야기다.

그는 당시 영국사회에서 부를 축적하는 기반이던 '식민지 노예노동'과 '노예무역'의 폐지 운동에 나서 계급을 배반했다는 온갖 사회적 비판과 고통을 감내해야 했다. 그러나 그는 이 모든 것을 극복하고 끝내 이를 생전에 관철시켰다. 그는 실천하는 신앙과 인간의 영예와 만족적 삶 사이의 갈등 속에서도 끈질긴 실천을 통해 자신의 이름을 역사에 남겼고 현대 서양사회의 문명적 양심을 지켰다.

  나는 우리 사회의 힘 있는 상류 기득권층 중 '윌 버포스'와 같은 열정과 양심을 가진 이가 단 한 명이라도 있다면 세상이 바뀌어 질 수도 있다고 생각한다. 그와 비교할 바도 못 되는 초라하고 부족한 인간이지만 나 또한 그를 롤모델로 삼고 우리 사회의 기득권에 도전하고자 이 책을 출판하게 되었다.

  이 책이 출판되는 과정에서 개인적으로 잇따른 가정적 어려움과 정치적 고난도 있었다. 특히 〈사망유희 토론〉을 본 많은 이들이 나의 거친 분노와 조급함을 지적하기도 했다. 내가 개인적 평판의 손실과 잡음을 감수하고 거칠게 싸운 이유 또한 그것이 나 자신의 소신을 지키기 위한 작은 실천이었기 때문이다. 분노가 생길 때 참지 못하는 것은 나의 치명적 결함이다. 그러나 이마저도 내게 없었더라면 지금까지 나의 소신을 지탱하기가 불가능했을 것이라고 스스로를 위로한다.

  어려운 과정에서 이 책을 내는데 협조해 주신 〈도서출판 미래지향〉 김운태 대표와 항상 격려해 준 〈박봉팔닷컴〉에 감사드린다.

  또 여전히 투병 중인 아내와 힘든 삶을 이어가는 이 시대의 모든 분들께 이 책을 바친다.

2012년 12월 3일
황장수

MB정부는
민간인 사찰
중단하라
MB정부는
민간인 사찰
중단하라
MB정권 국정원 민간인사찰 국가 인권위제소 기자회견

1부
MB 정권의 의혹들

이미 일은 저질러졌고 돌이킬 수 없게 가고 있다. 덤핑수주, 핵폐기물 재처리, 기술적 문제, 파이낸싱 등 어느 하나 제대로 되는 것이 없다. 특히 핵폐기물 처리 문제는 한미원자력협정 개정에 실패함으로써 여전히 치명적 난제로 남아있다. 이렇게 저질러 놓고 임기 끝나고 가면 그만인가? 그 사이 투입되었던 엄청난 공적 자금은 국민이 치를 대가인가? 4대강처럼 대못 박으면 끝나는 것이 아니라는 것을 이번에는 국민들이 보여줘야 한다.

- 위키리크스, UAE 원전 덤핑수주 확인 中에서

내곡동 사저 파문

한 사람의 판단은 살아온 과정을 보면 된다

　살다 보면 사람이 좀처럼 자신의 행태를 고치지 못한다. 처지나 환경이 변해도 옛날의 버릇이 몸에 배어 부지불식간 다시 나와 망신을 당하곤 한다. 학술적으로는 '경로 의존적'이라고도 하고 속담에는 '제 버릇 개 못 준다.'라고 하기도 한다.

　옛날 옛적 재벌 '돈 황제' 밑에서 사고수습 반으로 처음 인생의 스타트를 한 '그분'의 입장에서 당시 했던 그 일들은 일생을 지배하는 '트라우마'다. 그리고 이는 본인의 일생뿐 아니라 형님, 아들, 처남, 측근의 의식까지도 다 지배하고 있다. 그는 한국의 개발도상에서 온갖 뇌물, 비리, 부패, 탐욕, 협박, 사기 등에 대해 대처하고 수습하는 것이 임무였고 그 일에 탁월함을 보여 회장까지 올랐다. 그 과정에서 그는 '돈 황제'의 성공스토리를 몸소 체화하였고 이는 곧 자신의 성공신화가 되었다.

MB 정권은 2007년 대선 운동 과정에서 도곡동 땅, BBK, 다스, 영포빌딩 등과 관련된 온갖 구설에 올랐다. 그 과정에서 형님, 처남, 아들, 사위 등이 총동원된 복잡하고 비정상적인 거래관계와 차명, 명의신탁, 내부정보이용, 하청관계 특혜, 용도변경 등의 구설수가 등장했다.

남들은 정상적으로 사고팔 부동산이나 회사가 이들 일가에서는 무척이나 복잡하고 어려운 과정을 거쳤다. 상식적으로 이해가 가지 않는 행동이다. 나는 이러한 일들이 앞서 말한 사회 출발기부터 받은 '트라우마'에 기인한 습관이라고 생각한다. 한 사람을 판단하는 것은 살아온 과정을 보면 된다. 사람은 평소의 행동양식이나 습관에서 좀처럼 벗어나지 못한다.

MB 정권의 한심한 수준을 드러낸 사건

나는 내곡동 사저 파문은 측근 한둘과 가족만의 일로 은밀히 추진하다가 사고가 생긴 것으로 파악한다. MB 정권의 현재 임기 말 상황은 매우 사적이고 협소화된 소수 핵심 측근에 의해 운영되고 있다. 즉 '내가 해봐서 아는데…' 식의 MB 밑에선 제대로 된 직언이나 충언, 정상적 절차를 언급할 수 있는 측근이 존재할 수 없다. 이는 딱히 임기 말에 나타나는 현상이라기보다 정권 초부터 그래 왔다. '고소영, 강부자'로 대변되는 출범내각 면면의 선임절차를 보면 소신이나 입바른 소리 양심적 인사는 아예 장·차관이나 청와대 수석 근처에 갈 수도 없다.

물론 역대 한국 정권도 대대로 측근들이나 입맛에 맞는 인사들에게 자리를 나눠주는 '엽관인사'를 했지만 그래도 최소한의 '테크노크라트' 존중 즉 전문관료에게 어느 정도 업무분야에서의 자율성은 허용하는 풍토였다. 그러나 샐러리맨 성공신화의 자부심으로 가득 찬 MB의 독선과 아집 앞에서는 관료의 전문성 존중은 입 밖에도 꺼낼 수 없는 상황이 되어 버렸다.

청와대 국무회의에서도 장관, 수석 누구 하나 제대로 자기주장을 펼 수 없이 군사정권 때보다 훨씬 더한 상명하달식 행태가 굳어졌다. 적어도 군인 출신 대통령은 자기가 경제와 같은 전문분야는 제대로 몰라 탁월한 관료를 중용하고 이야기를 들으려는 자세는 되어있었다. 그러나 MB 정권에서는 상명하달, 복지부동이라는 전근대적 행태가 청와대부터 말단 공무원까지 자리 잡아갔다.

그리고 시간이 지날수록 권력은 아첨과 처신에 뛰어난 소수 측근에게 집중되고 사유화되어갔다. 즉 최고권력자가 무슨 생각을 하는지 눈치만 보고 미리 알아서 기는 다섯 명 안팎의 아첨배에게 전체 국정에 대한 무한한 권력을 집중한 것이다. 따라서 이들은 점점 더 MB의 눈에 들고자 혈안이 되어 서로 경쟁하고 그러는 과정에서 정상적 정치나 행정은 사라지고 철저히 소수에게 사유화되고 탐욕에 눈이 먼 사심이 가득한 통치행위만이 남게 되었다.

이는 비단 이번 사저 파문뿐만 아니다. 측근비리, 에너지, 자원외교, 4대강, FTA 추진과정과 지난 방미 중의 미국에 대한 아첨에서도 드러났다. 이번 사저 파문은 MB의 60, 70년대식 도덕적 수준과 독선적인 행태, 소수 측근에 집중된 권력 사유화의 당연한 귀결이다.

나는 이 일이 가족과 핵심실세 측근이 주도해 저지른 일이라고 보기 때문에 언론에서 거론된 인물들보다 신임도에서 더한 위치에 있는 인물이 배후에 있을 것이라 본다. 경호처는 이런 사고를 치기에 익숙하지 못하며 핵심 실세는 되지 못한다.

이번 일은 계약 직전 내곡동 땅을 둘러보러 이 대통령 부부가 현지를 방문하면서 거창한 행렬이 벌어졌고 이 과정에서 현지주민이 언론사에 제보하여 불거진 것으로 알려졌다. 따라서 이번 일은 꾸미기는 핵심실세가 했는데 예산 제공과 뒤치다꺼리 과정에서 경호처가 뒤집어쓴 것으로 보인다.

내곡동 특검

'내곡동 사저 용지 매입 의혹 사건'을 수사한 이광범 특검팀은 2012년 11월 14일 수사 결과를 발표하고 30일간의 수사를 마무리 지었다.

이시형 씨는 '혐의없음' 처분하고 증여세 포탈 혐의로 국세청에 통보했고, 김윤옥 여사와 임태희 전 대통령 비서실장, 김백준 전 청와대 총무기획관 등은 증거 불충분으로 '혐의없음' 결론을 내렸다고 한다. 대통령의 큰형 이상은 다스 회장의 혐의는 6억 원의 차용증 원본 파일을 받지 못해 진위를 조사하지 못한 채 수사를 종결하고 말았다.

결국 김인종 전 청와대 경호처장과 김태환 전 경호처 행정관, 심형보 경호처 시설관리부장 등 3명만이 불구속 기소되어 서울중앙지법에 넘겨졌다.

이러한 특검 결과에 선뜻 수긍하는 국민들은 없으리라 보고 여전히 풀리지 않는 의문점들을 적어보고자 한다.

첫째, 이상은 다스 회장에게서 나왔다는 현금 6억 출처이다. 이시형 씨가 큰아버지에게서 빌렸다는 벽장 속 현금 6억 원은 모두 펀드 수익금에서 나왔다고 소명했지만, 특검은 수사력을 집중하여 다른 출처가 있는지 확인을 시도했다. 그러나 청와대의 특검 기간 연장 거부로 끝내 수사를 마무리 짓지 못했다.

둘째, 시형 씨가 6억 원을 빌렸다는 지난해 5월 24일의 행적도 의심이 가는 부분이 많다. 특검팀은 당일 이 회장이 사는 아파트 출입기록과 시형 씨의 카드 사용 내역 등에서 진술과 어긋나는 점들을 발견했다.

셋째, 청와대 경호처가 시형 씨 몫 부동산 중개수수료를 대신 낸 정황과 김윤옥 여사 측근인 설 모 씨와 시형 씨 간의 돈 거래 성격도 명확히 밝혀지지 않았다. 이 모두는 청와대가 압수수색과 수사기간 연장요청을 거부하면서 혐의입증에 필요한 증거와 시간을 충분히 확보하지 못한 탓이 크다. 정작 재판을 받아야 할 측근, 친인척들은 무혐의 처리되고 애꿎은 꼬리들만 기소된 결과를 가져왔다. 앞으로 재판이 어떻게 진행될지 모두들 관심을 두고 지켜봐야 할 것이다.

디도스 음모

디도스 의혹

한 주간지는 선관위 '디도스' 공격을 2011년 11월 초에 이미 대통령실장이 경찰 라인을 통해 보고받았는데 1달 동안 깔아뭉갠 의혹이 있다고 보도했다. 경찰은 선거 당일 수사에 착수해 10월 말 최구식 의원 비서의 소행을 파악했고 보고했으나 청와대는 '국정 운영상' 보류가 불가피한 선택이었다고 설명했다는 것이다.

만약 진짜 그랬다면 그 국정 운영상의 이유는 '한미 FTA 국회비준' 이 아니었나 미루어 짐작된다. 나는 이 일로 청와대 행정관이 뒤늦게 수사받은 일과 경찰수사발표에 너무 많은 의문이 있다는 점들을 들어 선관위 디도스 공격의 배후에 정계개편과 관련한, 보다 깊숙한 곳이 개입되어 있지 않나? 하는 의혹을 가지고 있었다.

그런데 더 웃기는 것은 야당 측의 반응이었다. 집안싸움에 바빠서 그랬는지 이런 보도가 나왔는데 '그럴 줄 알았다'는 식의 태도를 보였다. 만약 미국이나 유럽 같은 상식적인 나라에서 이런 일이 발생했으면 확실한 탄핵사유이다. 닉슨은 이보다 덜한 민주당 회의도청 개입 의혹만으로도 집으로 갔다. 클린턴은 사생활 문제에 대한 거짓말로 탄핵 직전까지 갔다. 너무 많은 의혹과 비리가 일상적인 나라여서 그런지 웬만한 의혹도 상식(?)으로 받아들여진다.

술 마시다 문득 생각이 나서 '때리뻬까에' 한마디에 선거날 아침 선관위 홈피가 마비됐다. 그리고 경찰은 이걸 수사결과라고 국민들에게 믿으라 한다. 히틀러의 '대 몰락'과 닉슨의 '워터게이트' 모두 시작은 작은 오판과 실수에서 비롯됐다.

프로파일링 관점에서 본 디도스 주범은?

여야는 선관위 디도스 공격에 대한 검찰의 사건 수사가 미흡하면 특검을 하기로 합의했고 당시 박근혜 한나라 비대위원장도 디도스 공격사건에 대한 철저한 수사와 규명을 요구했었다. 그러나 특검을 실시한 결과 윗선이 결탁하지 않았다는 결론이 내려졌고 결국 수사는 종결됐다.

나는 애초부터 이 사건의 실체는 현재 거론되는 인물들 수준을 넘어 또 다른 진짜 배후가 있으며 어떤 정치적 목적에서 저질러졌다고 추정했다. 그 배후를 그동안의 정보와 합리적 판단을 근거로 추적해 본다.

첫째, 이 사건에는 다단계 공격 실행구조가 존재하고 별도로 사건을 지시한 진짜 배후는 따로 있다. 왜냐하면 이 사건에 연루되어 거론되는 인물들 면면이 과거 운동조직, 지역조직 활동에서 단순한 상명하복 구조와 복종에 익숙한 행동대적 성격의 인물들이지 정치적 공명심, 명분, 판단 등을 가지고 스스로 이런 일을 저지를 수준이 되지 않는 인물들이다.

둘째, 이 사건은 사건의 배후를 감추기 위해 4단계 꼬리 자르기 구조를 가지는 것이 특징이다. 즉 행동대 – 행동대장 – 중간보스 – 보스 등의 구조가 그것이다. 행동대와 행동대장은 IT 회사(인터넷 도박) 임직원과 최구식 의원 비서로 볼 수 있고, 중간보스로 의심되는 인물이 박희태 의장 비서로 검찰에 출두 조사받고 있다. 보스는 현재 드러나지 않았고 별도의 배후가 4단계의 보스에 해당하는 인물에게 금품을 주며 사건을 지시했을 가능성이 크다.

셋째, 이 사건의 인물들에서 공통으로 등장하는 몇 가지 교집합이 있다. 특정지역, 체육 활동 경력을 통한 탄탄한 상하 인맥 그리고 특정대학출신이라는 점이다. 또 선거지원 등을 통해 정치권에 진입해서 조직활동을 하며 보좌관, 비서직을 수행했다는 것이다. 이들은 이 네 가지 공통점들에 서로 엮이고 있으며 배후 지시자도 틀림없이 이 4가지 집합에 속한 인물일 것이다. 즉 배후 지시자는 체육 활동을 통해 정치권에 진입해 당의 조직 활동 최상부에 관여하며 대선 등에 깊숙이 관여해 있는 원외의 인물일 것이다.

넷째, 중국에서 디도스 공격을 했으면 깨끗이 끝났을 일을 무리하게 한국에서 평소 알던 애들(?)을 동원하는 과감함을 보였다. 당직자, 의원, 당료, 가방끈 긴 보좌진 등은 절대 이런 무모한 일로 자기 정치 생명이나 개인적 거취를 걸지 않는다. 따라서 그는 핵심과 여러 예민한 정치관계에 얽혀있어 어떤 일이 있어도 본인은 다치지 않는다는 자만심에 찬 인물일 것이다. 그리고 이미 여러 번 정치스캔들 등 다른 일로 수사 선상에 올랐고 문제가 되었으나 한 번도 법적 문제가 발생하지 않은 인물일 것이다.

다섯째, 그는 지난 대선 때나 그 이후 이런 종류의 SNS 여론 조작, 검색어 조작, 상대 홈페이지 마비 등의 일과 다른 off-line 공작 등을 일상적으로 수행해와 이런 일에 대해 죄의식이 없는 인물일 것이다.

또 이번에 검거된 인터넷 도박, IT 조직 등을 수시로 이런 일에 동원한 경력이 있을 것이며 이런 회사들은 그 협조 대가로 보호를 받는 공생관계를 맺었을 것으로 보인다. 당연히 배후인물은 몇억은 수시로 정치권에서 주무를 수 있는 정도의 인물일 것이다.

지금까지의 추론을 포함해보면 배후인물 범위는 매우 한정될 것으로 보이며 검찰이 사심이 없다면 금방 체포할 수도 있었을 것이다. 심리, 과학수사 운운하는 우리 경찰, 검찰은 어째 정치사건만 등장하면 기초적 프로파일링조차 안되는지 이해가 되지 않는다.

디도스 특검

나는 검찰, 특검, 정치권이 이 사건의 배후규명이 진행되기를 진정 원하는지 의문이 있었다. 야당은 총선에서 이 건을 정치적으로 이용할 생각만 했다. 또 새누리당은 이 사건에 대한 이해관계가 서로 각기 달랐다.

애초 이 사건 발생 당시 이를 이용해 한나라당 문을 닫으려 한 것은 친이 측이었다. 디도스를 이용해 한나라당 문을 닫고 빠져나가 외부에 신당을 창당하려 한 것 아닌지 의심되는 행동도 있었다. 친박은 당시 박 비대위원장의 '배후규명, 디도스 특검수용, 국민검증위 구성' 등의 노력이 있었지만, 내분과 파장을 의식해 어차피 내부에 있을 범인 색출에 적극 나서기도 애매했다. 검찰은 정치권의 움직임과 여론 동향을 보며 수사결과를 진척시키려고 했고 검경수사권 조정에서 경찰 망신주기에 우선적 관심이 꽂혀있었다.

결국 지난 7월 18일 디도스 공격 사건을 수사해 온 특검(특별검사 박태석)은 "공격의 배후나 윗선은 없었다"는 최종 수사 결과를 내놓고 약 90일간 진행해 온 수사를 마무리했다. 이날 박태석 특별검사는 최종 수사결과를 브리핑하면서 "최구식 전 의원이나 나경원 전 의원, 그의 보좌진 등 제3의 정치인이 개입되어 있다는 증거가 전혀 없어 무혐의 내사 종결했다"고 밝혔다. 특검팀은 또 정치권 인사들의 개입 여부와 검·경 수사 과정의 축소·은폐 의혹 등 관련 의혹을 조사했지만 혐의점을 찾지 못했다고도 했다. 사실상 '박희태 전 국회의장실 수행비서 김 모 씨와 최구식 전 새누리당 의원의 비서 공 모 씨가 사건을 주도했다'는 검찰의 결론에서 한 발짝의 전진도 못한 것이다.

엉뚱하게도 축소·은폐 의혹이 제기됐던 김효재 전 정무수석이 디도스 사건 관련 수사기밀 누설 혐의로 불구속 기소가 되었고 항소심에서 집행유예를 받았다. 또 디도스 공격을 막지 못한 혐의(직무유기) 등으로 기소된 선관위 정보보호 책임자와 당시 허위보고를 한 혐의로 기소된 LG유플러스 직원 김 모 씨도 무죄 선고를 받았다.

내곡동 사저 특검과 마찬가지로 디도스 특검 또한 그들에게 면죄부만 주는 꼴이 되었다. 이 사건은 한 정당을 문 닫게 하려는 정치공작이 개입된 의혹이 있는 사건이기에 반드시 그 진상이 재규명돼야 한다.

좌초하는 UAE 원전과
해외 자원개발 사업 실패

'제2의 4대강'이 돼가는 UAE 원전 수주

나는 〈민중의 소리〉 인터뷰를 통해 UAE 원전수출의 국제적 협정과 기술적, 재정적 문제에 대해 지적했고 이에 따른 UAE 원전 폐기물을 한국이 처리할 수밖에 없다는 점도 밝힌 바 있다. 필자가 애써 시간과 노력을 써가며 원전을 사랑하는 MB 정권과 부딪히는 이유는 MB 정권의 4대강 공사 강행을 바라보면서 한국의 소위 오피니언 리더라는 상류 기득권층 즉 보수언론, 국회의원, 교수, 연구원, 사법부 등의 침묵하는 비겁에 대해 환멸을 느꼈기 때문이다.

UAE 원전을 MB 정권이 수주했다고 대대적으로 홍보하며 정권의 지지율을 끌어올리고 자화자찬할 때, 사실관계를 확인해야 할 대부분의 언론이 이에 부화뇌동했다. 언론은 원전 수주의 드라마틱한 이면과 대통령의 역할, 차세대 신성장동력으로서의 한국 원전산업 띄우기에 열을 올렸다. 심지어 전혀 어울리지 않는 녹색성장을 원전사업에 갖다 붙이기도 했다. 또 모 방송은 첩보드라마를 통해 한국이 원전 신기술을 보유해 대통령이 앞장서 국가적 차세대 핵심사업으로 추진한다는 황당한 아부를 하기도 했다.

사실 전문가도 아닌 필자가 UAE 원전 문제를 언급하는 것은 단지 원전 수출의 문제만이 아니라 이번 기회에 한국의 원전정책과 원전산업 전반에 대해 재검토할 계기를 만들어야 할 시점이라고 생각했기 때문이다. 왜 전문가 아닌 필자도 아는 원전산업의 기초적 지식에 대해 전문가들은 입을 닫고 있는가? 이것은 바로 이익이 되면 적극 나서 생색을 내고 정권에 아부하고 피해가 생길 일은 아예 입을 다무는 이 땅의 비겁한 여론 지도층의 행태 때문이다.

UAE와 미국 측의 정보와 자료를 보면 UAE 원전에서 나오는 Spent fuel, 즉 폐연료봉은 UAE 영토 내에서 농축 장기 보관하지 못하고 반드시 외부에서 재처리해야 하며, 공사수주 계약자가 이를 맡아야 한다는 내용이 담겨있다.

UAE와 미국 측의 '123협정'에는 현재 서방국 중 유일하게 재처리를 하고 있는 영국이나 프랑스로 원전폐기물을 보내 재처리를 해야 한다고 돼 있으나 재처리하지 못하는 한국이 프랑스, 일본(재처리시설 건설 중)을 제치고 수주를 하게 된 것이다. 그러면 UAE 원전폐기물의 관리운영은 재처리할 수 있는 프랑스 등이 맡아야 논리적으로 설명이 되는 것이다. 그래서 원전 수출은 후발주자가 폐기물 때문에라도 못하는 사업인 것이다. 한국은 현재 재처리를 일체 할 수 없고 2014년 한미원자력협정 개정 때 한국이 재처리를 할 수 있도록 노력한다는 것이 현재의 상황이다.

위키리크스, UAE 원전 덤핑수주 확인

위키리크스가 공개한 해외 미 공관의 본국 발송 전문에서 UAE 원전 수주의 문제점들이 낱낱이 드러났었다.

나는 2009년 UAE 원전 수주 이후 저가 덤핑 수주의혹, UAE 원전 핵폐기물 재처리 문제 및 한미원자력 협정개정 의혹, 공사대금 파이낸싱 및 정식 계약문제, 미국 원전 기술사의 핵심기술 이전문제, UAE 원전 Security 문제와 파병, 이란과의 문제 등을 언론이나 인터넷상에 지속적으로 제기해왔다.

이번 위키리크스 공개 내용에 따르면 UAE 원전수주 입찰에 나선 미국 기업들은 한전을 주축으로 한 한국 컨소시엄의 입찰액이 지나치게 낮다며 한국정부가 보조금 지원 형태로 수주를 도왔을 가능성을 제기했다. 한국 원전 수주 다음날 작성된 이 전문에서 입찰에 참가했던 미국 기업인은 한국의 낮은 인건비, 원자재 가격을 고려하더라도 한국 측 가격은 정부의 보조금 없이는 불가능한 가격이라고 주장했다.

또 UAE 관리와 현지 미 대사관 관계자의 대화에 따르면 미국 GE 컨소시엄은 1Kw당 생산단가에서 한전보다 82%나 높은 수준이었다고 한다. 역설적으로 한국은 미국보다 82%나 낮은 가격을 써냈다는 말이 된다. 이 문제는 미국과의 공동 컨소시엄으로 참여했던 일본회사도 일본 언론에 지적한 바 있다. 한국정부는 UAE 측과 계약 내용 비공개가 합의 사항이라며 수주 가격을 포함한 일체의 계약사항을 공개하고 있지 않다.

또 '한미원자력 협정개정에 대한 한국 측의 미국에 대한 거친 압박'도 이번 위키리크스 공개 내용에 포함되었다. 이 내용에 따르면 원전 수주 직후인 작년 2월 천영우 외교통상부 2차관(현 외교·안보수석)은 미국대사와의 오찬 자리에서 2014년에 만료되는 한미 원자력협정 개정이 시급하다면서 일본 및 나머지 원자력 4대 강국에 비해 핵연료 재처리에서 한국이 부당하게 차별받고 있다는 점을 강조했다고 한다.

입찰 경쟁국이었던 프랑스(아레바), 미국(GE), 일본(히타치) 등 경쟁자 모두가 핵폐기물 재처리 능력을 갖춘 나라라는 점을 볼 때, 수주에 목메고 이전 수주실적이 없어 가장 약자의 처지인 한국이 재처리 문제를 해결하는 방안을 제시하지 못할 경우 수주는 불가능했을 것이라 확신한다.

모 시사 월간지와 UAE 원전 폐기물 재처리 문제에 대한 인터뷰가 있었을 때 정부와 한전은 강경 대응을 한다고 해당 잡지에 10억 손배소송과 배포 정지 가처분 신청까지 냈다가 흐지부지 끝냈다. 논쟁에 자신이 없기 때문이라고 생각한다.

숱한 암초로 좌초 중인 400억 불 사업

지난해 7월 국회 지식경제위 김영환 위원장은 상임위 소속 의원들과 UAE 원전 건설 현장을 시찰한 결과 아직 본 공사 허가를 받지 못해 헬기장, 콘크리트 생산시설 등 부대시설 건설공사만 진행되고 있었다고 밝힌 바 있다. 그러면서 냉각수로 사용될 바닷물이 너무 따뜻해 냉각효율을 높이기 위해 방파제를 쌓아야 하고 이때 바닷물이 원전에 스며들지 못하도록 7m 깊이로 차수벽(방수시설)도 건설해야 하는 것이 공기 지연요인이라 밝혔다. 한마디로 웃기는 이야기다.

위치 선정을 하면서 냉각수로 쓸 사업부지 주변 해수 온도도 측정하지 않았단 말인가? 그러면 작년에 UAE 측에 제출했다던 수천 페이지의 UAE 원전 공사 기술 제안서는 도대체 무엇이란 말인가? 도저히 상식적으로 이해할 수 없는 일이며 앞으로 무슨 일이 더 생길지 모른다.

UAE 측의 원전 사업 발주기관인 UAE원자력공사(ENEC)가 국내외 금융사를 상대로 벌여온 자금조달 작업도 국제금융시장의 위기로 지연되었고 현재까지도 확실한 결론이 나지 않은 상태이다. ENEC가 HSBC, 크레디트 스위스, 스탠다드차타드 등 대형 해외 금융사에 공사비 100억 불 파이낸싱을 위한 해외 대주단 구성을 제안했지만 성사 여부는 불투명하다고 한다. 이와 별도로 수출입은행은 최대 100억 달러를 매년 10억 달러씩 UAE 원전 건설사업자에 대출할 예정인데 UAE 측 부분의 해결이 늦어지면서 수출입은행도 대출조건, 금리 등을 확정하지 못하고 있다. 즉 UAE 측 100억 불, 수출입은행 100억 불

(매년 10억 불)을 각기 조달하는 방식이었는데 UAE 측의 파이낸싱이 안갯속을 헤매자 국내은행도 시간을 끌면서 미루고 있는 것이다. 이후 UAE 측의 조달은 확정되었다고 보도되었는데 뭔가 명쾌하지 못한 구석이 있다.

그 사이에 사실상 UAE 원전 공사를 책임질 주관 건설사인 현대건설은 현대 자동차에 인수가 되었다.(한전은 운영사이지 사실상 원전 건설 주관사라고 볼 수 없다.) MB가 회장이던 현대건설이 범현대가의 장자인 현대차에 다시 돌아간 것이다.

조선일보 출신 우종창 전 기자가 쓴 《권력의 역설》이라는 책에는 다음과 같이 쓰여 있다.

> 금감원 자료를 보면 2000년 5월 이후 국책기관과 금융권이 현대건설, 현대전자 등에 지원한 금액은 총 33조 6,000억이라고 한다. 현대가 직·간접적으로 받은 공적 자금이 33조이며 이 중 24조 원은 회수불능 상태 즉 떼인 돈이나 다름없다.

정리하자면 국민의 혈세 24조 중 다수가 들어간 현대건설이, 원전 수주 건설 주관사 역할까지 맡고서는 채 5조도 되지 않는 돈에 다시 구) 현대그룹 장자에 돌아갔다는 것이다. 이에 더하여 그쪽 집안 월급쟁이 회장 출신 대통령은 온갖 무리수를 써가며 UAE 원전을 수주해서 현대건설을 밀어주고 있다.(그리고 현대건설 사장이 한전 사장으로 왔다.) 이런 의혹들 외에도 UAE 원전부지 주변시설 공사 하청에 나선 한국의 중소건설사들이 열악한 공사 조건에서 엄청난 고생을 하고 있다는 이야기들도 나오고 있다.

이미 일은 저질러졌고 돌이킬 수 없게 가고 있다. 덤핑수주, 핵폐기물 재처리, 기술적 문제, 파이낸싱 등 어느 하나 제대로 되는 것이 없다. 특히 핵폐기물 처리 문제는 한미원자력협정 개정에 실패함으로써 여전히 치명적 난제로 남아있다. 이렇게 저질러 놓고 임기 끝나고 가면 그만인가? 그 사이 투입되었던 엄청난 공적 자금은 국민이 치를 대가인가? 4대강처럼 대못 박으면 끝나는 것이 아니라는 것을 이번에는 국민들이 보여줘야 한다. UAE 원전 수주를 밀어붙이고 거짓 홍보하고 강행해온 MB 이하 관료, 한전, 관련 건설사 모두 다 책임져야 할 문제다.

원전 증설을 밀어붙이는 숨겨진 이유들

2011년 12월 한국수력원자력(한수원)은 경북 영덕, 강원 삼척 일대 두개 지역에 앞으로 각각 원전 4기씩을 증설할 예정이라고 발표했다. 원전 8기를 두 지역에 건설하는 것을 골자로 한 이 원전 증설계획은 후쿠시마 원전사고 이후 한국이 최초로 세계 최대의 국가 단위 대규모 원전 확대 정책을 공표했다는 의미가 있다.

아울러 정부는 장기 전력 수급계획에서 2010년 현재 34.2%가량인 원자력 비중을 2030년까지 59% 이상으로 늘리게 되어있는 현 기조를 그대로 밀어붙이겠다는 의지를 밝혔다. 후쿠시마 사고 이후 전 세계

정상들이 원전에 소극적이던 지난해 10월 MB는 UN 원자력 관련 회의에서 총대를 메고 원자력의 이용을 역설한 바 있다. 그 회의 이후 이제는 몸소 원전 증설을 실천하고 있는 것이다.

정부의 원전 증설 발표 이후 보수언론들조차도 사설을 통해 이를 비난하고 문제점을 지적하고 나선 것은 한국 정부가 후쿠시마 사고를 겪고도 원전을 밀어붙이는 행태가 상식선을 너무나 벗어났다고 생각하기 때문일 것이다.

일본뿐 아니라 국내에서도 지난해에만 총 11건의 원전 정지사고가 있었다. 지난해 고리 3호기, 울진 1호기가 고장으로 멈춰 섰지만, 그 정확한 원인을 파악하지도 못한 채 긴급 정비를 마치고 재가동을 시작했다. 지난해 전체 운영 원전 중 38%의 원전에서 정지사고가 발생한 것이다. 정부는 후쿠시마 사고 후 지난해 9월 출범시킨 '원자력 안전위원회'를 '원전확대'를 하기 위한 거수기 역할로 동원하고 있다.

일본 후쿠시마 원전 사고 발생의 진짜 이유는 이전에 수차례 원전과 핵폐기물 재처리 공장에서 심각한 사고가 있었음에도 불구하고 일본 정부와 원전 마피아가 이를 감추고 원전 정책을 밀어붙인 데에 있었다.

후쿠시마 사고 이전에는 원자력 전기는 싸고 청정하며 위험하지 않다는 '원자력 안전신화' 속에 계속 확대되어왔다. 그러나 '일본의 전력 비용 검정위원회'는 Kwh 당 원전의 발전단가가 8.9엔(130원)으로 과거 2004년 일본에너지청이 추산한 Kwh 당 5.9엔에서 50%가 늘어난 것으로 발표했다. 원전사고 피해복구액과 노후비용, 사고원전의 해체와 철거비용을 포함한 결과다. 이는 방사능 등 사고 후유증, 인명의 피해와 정신적 피해 등을 감안할 때 석탄, 가스 등과 비교해서 결코 싸지 않은 가격이다. 일본의 잠정적 후쿠시마 사고 피해액이 350조 원에 육박할 것으로 추정했으나 향후 방사능 피해자가 확산될 경우 얼마나 더 늘어날지 모른다.

그러면 MB 정부가 국민적 합의 즉 원전정책의 안전성에 대한 국민적 소통이 없이 이토록 원전을 무리하게 밀어붙이는 이유는 도대체 무엇인가? 나는 현 정부의 원전 확대 정책이 단순한 국익적 차원에서 비롯된 것이 아니라 숨겨진 이유가 있기 때문이라고 생각한다.

첫째, 원전 건설에는 많은 건설비용이 들어간다. 정부 계산대로라면 2030년까지 총 19기의 원전이 더 건설된다. 1기당 원전 건설 비용은 20~40억 불로 각기 다르게 언급되고 있어 상당히 헷갈리게 한다. 참고로 한국정부의 UAE 원전 '수주가'는 1기당 50억 불이며, 최소 2조에서 최대 8조까지 그 건설비용은 가지 각각이나 1기당 4조 원 안팎의 건설비용, 사용 후 폐기비용 1조, 지역지원 1조 등이 정설이라고 추정되고 있다. 원전 1기당 4조 원 이상이라면 19기를 더 지으면 80조 이상의 비용이 들어가게 된다. 추가비용까지 합하면 100조 원이 넘는다.

한국에서 원전 건설과 그 플랜트에 참여하는 회사는 4~5개 건설회사로 한정되어 있다. 이 원전 건설 마피아가 한국 원전 건설을 독점하고 수출까지 독점하는 것이다. 원전은 기술, 인력, 경험 축적 없이 아무나 시장진입이 허용되지 않는다. 그런데 그중 원전에서 가장 중요한 건설사는 MB가 회장으로 있던 현대 건설이다. 이 회사는 UAE 원전수출의 사실상 주관사이고 한국원전 건설의 핵심회사이다. 이 회사 전임 사장이 현재 한전 사장으로 있고 이 회사는 10여 년 전 부도가 난 뒤 올 초 우여곡절을 거쳐 채권단 관리하에서 현대자동차로 넘어갔다. 현대건설 회장 출신 대통령, 현대자동차 그룹 산하의 현대건설, 현대건설 출신의 한전 사장 등이 한국 원전 산업의 핵심 커넥션이다.

둘째, 원전에는 장기간 먹고 살 수 있는 많은 이권 수익사업이 있다. 원전이 건설되고 나면 필수적으로 처리해야 할 사후 정비, 폐기물 처리 사업 등이 그것이다. 항간에 이들 사업은 권력핵심을 끼워야 할 수 있고 한번 따면 수년간 노다지를 캐는 사업이라는 말들이 팽배해 왔다. 현 정권 들어 중간 핵폐기물 처리장 신설, 고준위 폐기물(폐연료봉) 보관용기 등 여러 사후 분야에서 사업영역이 확대되고 있다. 이런 비용이 매년 수천억 이상이 될 것으로 예상하고 있다. 역대 이런 사업에 관여했거나 앞으로 관계할 회사들을 스크린 해보면 분명히 답이 나올 것이다.

셋째, 원전 건설은 한번 예산을 반영해 말뚝을 박아 착공을 시작하면 돌이키기가 무척 어렵다. 따라서 MB 정권 임기 내에 가능한 한 많은 원전 증설과 원전 해외 수출을 확대해 지어 놓으면 상기한 소수 건설회사와 원전 폐기물 처리, 사후 정비 등과 관련 있는 회사들이 향후 10년 이상 먹고살 구조가 확립되는 것이다. 장기 전력수급 계획하에 이루어지기에 변경이 쉽지 않다. 물론 국내 건설이나 수출에는 모두 국민의 세금이 들어간다.

넷째, 원전 사업을 진행하면서 원자력 관련 교수 및 이 사업과 이해관계가 있는 연구진, 관료, 언론, 해당 지자체 등에 골고루 떡고물이 돌아간다. 왜냐하면 이런저런 홍보비용, 지원비용, 연구비용 등이 관련 이해 당사자들에 돌아가기 때문이다. 이런 이유로 원전산업 주변 이해당사자나 종사자는 항상 원전 정책에 대해 우호적인 태도를 보일 수밖에 없다.

이상이 원전 산업의 이해에 기반을 둔 원전 마피아의 커넥션이다.

현 정권은 후쿠시마 사고와 UAE 원전 수주에 따른 갖은 의혹 등에도 원전을 밀어붙이고 있다. 남은 임기 내에 원전증설, 해외수출을 말뚝 박아 기정사실화 하려는 것이다. 야당이 앞으로 정치공세용 소재로만 생각하기에는 너무나 위험한 사안이다. 현 정권의 원전 정책에 대한 국민적 이의제기와 합의가 필요하다.

해외 원전 사업의 현주소

제2 한국형 원전 수출 후보지로 꼽혔던 터키 시노프 원전 수주를 지난 10월 사실상 한국 정부가 포기했다는 보도가 있었다. 터키 정부가 지급보증을 꺼린 데다 전력판매단가를 낮게 책정해 협상에 진척이 없었다고 한다. 결국 한국 정부는 헐값 수주 논란 가능성이 있다는 판단하에 현지 법인을 청산하고 원전 수주를 포기한 것이다.

1979년 스리마일 섬 원전 사고, 1986년 체르노빌 원전 사고를 겪으면서 서유럽에서 원전 건설은 쇠퇴기로 접어들었다. 서유럽 지역 원전 운영 9개국 가운데 절반 이상인 5개국이 원자력의 단계적 폐쇄를 결정했다. 이처럼 원자력 선진국에서는 신규 원전을 더는 짓지 않고 있다.

이런 상황하에서 MB 정부는 중동 지역과 아시아 국가에 공을 들여왔으나 쉽지만은 않은 상황이다. UAE 원전 수주 이후 제2의 원전 수출이 성사되지 않는 것은 일본 후쿠시마 원전사고의 영향도 크다. 유망한 원전 수출 후보지였던 인도네시아, 요르단, 필리핀 등은 모두 지진 다발 지역에 위치해 있기 때문이다.

이런 와중에도 이명박 대통령은 11월 UAE를 방문해 바카라 원전 부지 착공식에 참여하고, 순방을 마친 후 라디오 연설을 통해 "원전이 핵심적인 미래 먹거리 중의 하나"라며 다시 한번 원전 산업의 육성을 강조했다. 그리고 라디오 연설 내내 UAE 원전 수출을 자화자찬했다. 국민 상당수가 탈원전을 바라고 있고 수주한 UAE 원전의 원활한 진행도 불투명한 상황이며 제2의 원전수출은 요원한데 대통령은 라디오에 나와 태평한 소리나 하고 있다.

전 세계적으로 2004년부터 2009년까지 재생 가능에너지인 풍력과 태양광, 바이오 에너지가 연간 20~50% 이상의 성장률을 보인 반면 원전은 마이너스 성장률을 기록했다. 세계적으로 원전 발전비중은 계속 떨어질 것이고 앞으로 신규원전 건설이 아니라 원전 폐쇄가 늘어날 가능성이 더 높다. 국회 교육과학기술위원회에서도 '원자로 해체 관련 기술개발 투자 확대가 필요하다'고 지적할 정도이다.

MB 정권이 금과옥조처럼 여기고 있는 UAE 원전수출사업은 다음 정부가 해결해야 할 골칫거리 중의 하나가 될 가능성이 높다. 처음엔 400억 달러 원전 수출이라고 대대적으로 홍보를 하다 뒤늦게 186억 달러에 불과하다는 것도 밝혀졌다. 그리고 그중 절반이 넘는 100억 달러는 우리가 빌려주기로 했다는 것도 앞에서 설명한 바 있다.

사실 국제 신용등급이 우리나라보다 높은 UAE에 건설 자금을 빌려주는 계약을 했으리라곤 누구도 예상하지 못했다. 국제금융시장에서 우리보다 신용등급이 높은 UAE에 건설자금을 장기로 빌려주기로 한 것은 고금리인 사채시장에서 돈을 빌려다가 금리가 싼 시중 은행에 돈을 빌려준 꼴이라는 언론 보도도 있었다. 이렇게 되면 역으로 UAE는 이자 차익을 볼 수 있게 된다. UAE는 건설비용을 지불할 능력이 충분했지만 최대한의 이익을 챙기기 위해 이런 계약을 체결했을 것이다.

국내 수출입은행은 UAE에 100억 달러를 빌려주기 위해 국제금융사를 끼워 넣어 대주단을 구성했지만 대부분의 자금 조달은 수출입은행이 맡고 있다. 그래서 정부는 수출입은행의 자본금을 확대하기로 한다는 방침을 세워 매년 1,000억 원씩 출자하도록 한 것이다.

MB 정부는 사업의 성공이 불투명한 UAE 원전에 이처럼 국민의 혈세를 퍼붓고 있다. 그런데도 우리 국민들은 그 사실을 자세히 알 수 있는 방법이 없다. 언론에서도 거의 보도하지 않고 있다.

현재 베트남, 터키, 요르단 등 대부분의 나라들이 우리와의 원전 수주 계약을 미루고 있다고 한다. 그 핵심사유는 내가 줄곧 강조해온 '핵폐기물 처분 문제'와 '금융지원 조건'이다. UAE에다가는 100억 달러의 금융지원을 약속했으니 다른 나라와의 원전 수주 계약을 위해서는 이보다 나은 조건을 주어야 하지 않겠는가?

　원전 사업은 민간 기업 몇 개가 나서서 해결할 수 있는 사업이 아니다. 국민의 세금이 들어간 한국전력공사와 수출입은행 등 공기업이 책임져야 할 사업들이다. 만약 이러한 사업들이 잘 진행되지 않아 실패하게 된다면 또 그 돈은 어디서 메꿀 것인가? 결국 우리의 주머니에서 나가게 된다.

쿠르드 유전 실패

　감사원은 지난 4월 한국석유공사, 가스 공사 등 공기업이 16조 원을 투입해 국외 석유, 가스개발 사업을 추진했지만 자원의 국내 도입 실적이 전혀 없다고 밝혔다. 즉 해외에서 석유가스를 개발한다고 광구에 대한 지분확보 등에 16조나 투자했지만, 그곳에서 생산한 석유가스를 국내에 들여오지 못하는 계약을 했다는 것이다. 그러나 지경부 등은 자체적 석유, 가스 개발을 위한 경험, 노하우 축적과 공급 안정성 차원에서 꼭 필요한 일이었다고 강변하고 있다. 감사원은 또한 3개 자원개발 공기업의 감사결과 매장량 추정, 계약변경 등 많은 문제점이 드러났다고 밝혔다. 그 대표적 사례로 쿠르드 유전개발 사업을 거론했다.

　이 사업은 MB가 인수위 시절에 이라크 쿠르드 자치정부 니체르반 바르자니 총리를 초청해 합의하면서 세간의 화제가 되었다. 이를 성사시키는데 결정적 중간역할을 한 이가 DJ 정권에서 약방의 감초로 거론되었던 최 모 씨다. 그는 야권 출신 인물이나 MB의 대선 승리가 확실해지자 대선과정에서 현 여권 실세에 끈을 대어 접근했다.

그가 이라크서 벌이고 있다고 거론한 병원, 발전소 등은 그 성과가 있었는지 극히 의문이었지만 그는 우회상장을 통해 에너지 회사를 만들었고 MB 당선 직전까지 쿠르드 지역의 유전에 몰두해왔다. 정권을 끼고 하지 않을 수 없는 사업이었기에 그는 곧바로 MB 주변에 끈을 대었던 것이다. 과거 중동에서 건설을 하며 자원개발에 많은 관심을 보인 MB는 인수위 시절부터 메이저급 '메가 에너지' 회사 육성, 이라크 쿠르드 유전 등 해외 자원 개발에 feel이 꽂혀있었다. 좌우간 주식분야 선수(?)와 MB가 의기투합해 취임도 하기 전에 벌인 것이 쿠르드 유전 사업이다.

나는 사연이 좀 있어 지난 정권 때 쿠르드에 자주 출입했고 니제르반 송리도 지점 만났으며 여러 사업제안도 받은 바 있다. 2008년 2월 당시 이 발표를 보고 나는 한 월간시에 인터뷰를 자청해 쿠르드가 한국 측에 제시하는 유전은 '껍데기 유전'으로 거의 석유매장량이 없을 것이라고 지적했다. 또 이라크 중앙정부, 쿠르드 자치정부 간의 관계나 미국, 영국 등 이라크를 침공한 국가의 메이저 석유회사와 이라크 정부의 관계상 쿠르드 석유개발은 불가능한 일일 것이라고 언급한 바 있다.

석유개발은 식민지 지배와 절대 패권국가 등의 역사가 있고 오랫동안 축적된 기술력과 경험이 있어야 가능한 사업이지 어느 한순간에

도약할 수 있는 사업이 아니다. 그렇기 때문에 그 분야에서 마이너인 한국으로썬 도저히 불가능한 사업이라고 주장했었다. 그러면서 지금 쿠르드가 제시하는 유전은 석유가 거의 나오지 않는, 해외 주요개발 국가나 메이저사가 포기한 곳일 거라고 추정했다.

 그 뒤 몇몇 정부관계자가 찾아와 총 21억 불의 패키지 딜 방식(이 액수만큼 우리 건설회사가 SOC 사업을 해주고 대신 그만큼의 원유를 받는 계약) 중 착수계약금의 10%인 2억여 불을 줘야 하는지 물어 적극 반대 했다. 계약금은 결국 건너갔다고 한다. 이후 재빠른 한국 건설사들은 SOC 사업 금융 PF 보증의 어려움을 우려해 다 발을 뺐고 결국 쿠르 드의 합의로 석유공사가 11억 7,500만 불의 현금을 지급하기로 했다.

 2008년 6월 본 계약 당시 쿠르드 5개 광구에서 19억 배럴의 지분을 확보했다고 했지만 5개 광구 중 4곳은 탐사결과 상업성이 전혀 나오 지 않았다.

 보통 쿠르드같이 탐사 성공률이 낮은 지역의 유전개발에 참여한 외국기업들은 자신의 비용을 들여 탐사를 하고 성공한 경우 일정 비 율은 SOC 건설비로 내놓는 식의 몇 대 몇 계약을 맺는다. 그러나 이 미 코스닥에 우회 상장해 에너지 회사를 미리 만든 최 모 씨의 말만 믿은 MB와 정권 실세 그리고 석유공사는 석유 탐사 성공 여부와 관 계없이 의무적으로 SOC 개발자금을 대는 (한마디로 돈을 미리 주는) 계 약방식으로 양해각서를 체결한 것이다. 탐사결과 실제 나오는 것은 거의 없는데도, 석유공사와 지경부는 국회 국감 등의 추궁에 대해 좀 더 해봐야 한다는 답변을 내놓으며 임기 말까지 시간을 끌어왔다.

관련 회사의 주가가 내려올 만하면 매번 다른 호재(매장량이 늘었다. 확인되었다. 이라크 대통령이 방한한다.)가 터져 나왔고 결국 돈을 번 사람은 주식으로 재미 본 이들뿐이다.

감사원은 2013년까지의 유전 탐사 성공 가능성이 점차 낮아지고 있다고 보고 있다. 그리고 지급하기로 한 SOC 건설비는 탐사실패 시 보장받기로 한 원유 6,500만 배럴로 감당할 수 있지만, 이 보장 원유를 조기 확보해도 최소 1,800만 불의 순손실이 예상된다고 밝혔다.(MB를 의식한 감사원의 발표임을 감안하면 결국에는 수천억의 손실이 더 발생할 가능성이 있다.) 그러면서 사업 기술평가, 감독 업무 소홀도 지적했다. 감사원이 MB를 의식해 흐물흐물하게 발표했는데도 이 정도다.

나는 자원개발 투자와 쿠르드 유전 사업 등에 대해 전면 수사를 촉구한다.

시년 2002년 DJ 정권은 IMF 극복을 위한 공적 자금을 기업회생 자금, 벤처자금으로 갖다 쓴 사기꾼들에게 '공적비리 수사처'를 만들어 전면 수사를 진행했다. 이번의 자원개발과 쿠르드 유전개발이 단순히 '석유 자주 개발'을 해보겠다는 순수한 의도라고 보기에는 너무나 많은 의혹이 있다. 자원개발을 위해 쓴 돈이 제대로 투자되었는지 이를 빙자해 주식으로 과연 돈을 번 사람은 누구인지, 정권 실세가 무슨 의도에서 이런 무리한 사업을 벌였는지 전면 조사되어야 한다. 쿠르드 유전, 카메룬 다이아, 미얀마 가스 등의 해외자원 개발사업은 자원개발을 빙자해 권력 실세가 벌인 도박판 일 뿐이다.

아래는 최근 쿠르드 유전을 비롯한 해외자원 개발사업에 대한 언론보도들을 간추려 본 것이다. 판단은 독자들에게 맡기겠다.

〈이코노미 세계〉 해외자원개발 손실에 혈세 '줄줄' – 사전 검증 없는 '묻지마 투자'식 자원개발 지양돼야, 해외자원개발 컨설팅업체 먹잇감 된 사례 수두룩

〈에너지경제〉 쿠르드 사업, 결국 실패하나 – 노다지인 줄 알았던 그곳, 하지만… 앞으로의 전망? 답답할 노릇

MB 정부 해외자원개발사업 득과 실 – 4년 동안 314억 달러 투자 약 22%인 71억 달러 수익

〈머니투데이〉 석유공사, 이라크 쿠르드 유전개발사업 축소, 지난 8월 지방정부와 수정계약 체결… 2개 광구개발권 반납

〈머니투데이방송〉 석유공사, 4년 새 빚 17조 원 불어나… '무리한 해외자원개발 탓'

〈한국일보〉 애물단지 전락한 'MB 자원외교 1호' – 무리한 성과주의 탓 쿠르드 유전 개발 불투명… 광구 절반 반납

〈한국경제〉 석유공사, 쿠르드 유전개발사업 축소

〈연합뉴스〉 석유공사 쿠르드 원유사업 '난항'… 계약수정

〈노컷뉴스〉 쿠르드 유전 개발사업 '애물단지'… 최소 1,800만 달러 손실

원전 등 해외 대형 프로젝트 수주와 자원개발의 함정

원전수주와 자원개발 등 대형 프로젝트 사업이 가지고 있는 함정을 진단해 볼 필요가 있다.

첫째, 신흥국 및 개도국의 해외 발전소 및 대형프로젝트 수주에서 주요한 문제는 우리 측의 건설비 조달 부분이다. 원전이나 화력발전소 건설 등에 필요한 자금을 UAE 원전처럼 수출입은행, 무역보험공사 등 국내 공적 보증기관이 조달하고 있다.

민간 건설사나 플랜트 사가 해외에 나가 자신들 신용으로 PF 해서 공사를 수주한다면 누가 뭐라 그러겠는가? 문제는 정부가 공사 수주에 총대를 메고 나서고 한전 등 공적 기업이 수주하고 그 자금을 국가 예산으로 조달한다는 데 있는 것이다. 나중에 저가수주, 견적 미스, 기술적 문제발생, 폐기물 처리의 법적 문제 등으로 인해 발생하는 손해는 누가 책임질 것인가?

둘째, 또 다른 문제는 이런 일에 있어 모든 과정이 비공개로 진행된다는 데 있다. 경쟁국 및 발주국과의 관계나 보안서약 때문에 수백억 불씩 국가 예산이 들어가는 사업의 계약 내용을 아무것도 공개할 수 없다면 나중에 이 계약의 책임은 누가 질 것인가? UAE 원전도 건설자금 PF, 폐기물처리, 공사단가, 책임조항 등 아무것도 공개된 것이 없다.

셋째, 이런 종류의 계약에는 반드시 공사 자체 외에 정치적 비공개 추가 옵션이 붙는다는 것이다.

발주국은 공사들을 미끼로 각종 경제, 문화, 군사 등의 부가적 옵션을 요구하고 본계약서 외에 추가적으로 국가 간 MOU를 작성한다. UAE 원전에 있어 공수 특전단 파견 또한 정부가 아무리 부인해도 원전 수주의 대가인 것이다. 이런 비용을 전체 수주가격에 포함해 계산할 때 적자수주의 가능성은 커진다.

넷째, 정부가 이런 종류의 대형 프로젝트에 직접 나서 개입하는 것이 과연 옳은 일인가 하는 문제이다. 물론 방산 수출, 고속철 수출 등 한 국가의 경제적 이익이 큰 사업에 정부가 나서서 지원해 주는 일은 선진국에도 가끔 있는 일이다. 하지만 이런 경우도 특수동맹국 간에나 가능하지 그 외에는 어디까지나 주체는 민간 기업이고 정부는 뒤에서 외교적 지원을 해주는 데 국한된다.

한국처럼 정부가 나서 기획단 팀을 꾸리고 직접 수주과정 전반을 컨트롤 하는 것은 매우 드문 일이다. 이럴 경우 '이 사업 공사 플랜트 등에 참여하는 대기업들의 역할은 무엇인가?' '정부가 나서 공사를 따면 이들 기업은 국민의 혈세로 진행되는 사업의 성패와 관계없이 공사 수임만 얻으면 되는 것인가?'하는 도덕적 문제가 남는다.

다섯째, 원전 수주와 같이 핵폐기물, 지정학적 문제, 안보적 문제, 기술적 문제가 걸린 사업은 여러 정치·외교적, 지정학적 문제를 안고 있고 장시간이 소요되어 국제 금융계에서 PF가 쉽지 않다는 약점을 안고 있다.

여섯째, 이런 대통령의 관심사업에 정부기관, 주요공기업, 정부 국외 투자보증기관 등이 모두 총동원되는 것이 과연 바람직하냐는 문제이다. 한국실정에서 최고 통치권자의 관심사항이라면 밑에서는 무조건 되는 쪽으로만 맞추지 여기에 논리적인 문제를 제기하거나 반기를 드는 것은 불가능한 실정이다. MB 취임 초 쿠르드 유전 8곳 사업에 계약금 등 4억 불을 어이 없이 투자해 날렸고 현 정권 들어 벌인 각종 자원에너지 개발사업이 제대로 되고 있는 것이 없지 않은가.

이런 해외 대규모 프로젝트 수주와 자원탐사 사업 등은 자신의 손실을 감수하는 민간기업이 앞장서고 정부는 이를 뒤에서 지원하는 것이 그 원칙이다. 민간기업이 손실이 날까 두려워 안 나서는 사업에 정부가 나선다면 실패할 가능성은 훨씬 더 높아진다.

이미 현 정권은 해외 대규모 프로젝트 수주, 자원, 에너지 외교에서 많은 실수와 의혹을 남겼다. 임기 말에 무리하게 더 많은 종류의 일을 벌이는 것은 차기 정권에 엄청난 부담으로 작용할 수 있다. 제발 더는 새로운 일들을 벌이지 말고 이미 벌인 일이나 투명하게 잘 마무리했으면 좋겠다.

언론 또한 사실을 보도하기보다 이해관계에 더 연줄하며 국익과 민족주의를 앞세워 국민의 여론을 헷갈리게 하지 말고 UAE 원전 사기극, 쿠르드 유전 실패에 대해 그 많은 객관적 증거와 논리적 문제제기, 제보 등을 국민들에게 명명백백히 알려야 한다.

이러한 사업들의 실패로 들어갈 손실배상에 단 한 푼의 혈세도 들어가선 안 되며 이 사기극에 일조하고 방조한 모든 이들의 재산을 차압해 처리해야 한다.

MB 정권 최대특혜
'강남 한전부지' 매각 및 개발의혹

서울의 마지막 남은 금싸라기 땅

한전은 참여정부 당시 지역균형개발과 혁신도시 육성이라는 차원에서 2012년까지 전남 나주로 이전이 예정되어 있었다. 그렇게 되면 삼성동에는 한전 본사 부지(2만 8,000여 평)와 이웃한 한국감정원(3,300여 평, 대구 동구 이전예정) 그리고 서울의료원(9,000여 평, 중랑구 신내동 지난해 3월 이전) 등 공공기관 이전 용지 및 주변 국공유지를 포함해 20만여 평에 달하는 거대한 금싸라기 땅이 새로 생겨난다. 규모가 코엑스 부지의 7.5배에 달한다고 한다.

이 땅들은 1973년까지 봉원사의 사하촌이었으나 이때 강남개발에 나선 정부가 공용부지 단지조성 목적으로 평당 6,200원에 사들였다고 한다. 현재 이 땅이 상업용도로 바뀌면 평당 1억 원은 훨씬 넘는 것으로 평가되고 있다.

MB 정권 출범 이후 한전 측은 이 금싸라기 같은 본사 땅이 뺏기는 것을 우려해 이 땅을 활용해서 적자투성이 전력사업의 손실만회를 위한 '한전의 자체부동산 개발사업'을 허용하는 한전법 그 시행령 개정을 시도해왔다.

한전부지 매각액만 3조 원이 넘을 것으로 보이는 이 땅이 상업용도로 개발되면 그 개발 이익만도 수조 원대이고 인근 20만 평 전체가 개발되면 땅값만 20조가 넘고 그 개발 이익이 수십조 원이 넘을 수 있다고 부동산 전문가들은 보고 있다. 이렇게 비싸면서도 수익성이 높은 20만 평 땅덩어리에 20조 이상의 땅값과 수십 조의 개발비를 투자할 수 있는 곳은 국내에는 한두 개의 재벌기업뿐이다. 아니면 외국계 펀드나 가능하다고 한다. 그러나 복잡한 인허가와 대관 로비 및 국제 금융·재정위기를 고려하면 외국계는 배제된다고 볼 수 있다.

이 부지는 그 용도가 타워팰리스나 제2 코엑스몰 같은 상업용 시설이 되어야 수익성이 난다고 보고 있다. 아니나 다를까 지난 2009년 삼성물산 건설부문과 포스코 건설 컨소시엄이 상기 20여만 평을 대상으로 114층 주상복합 초고층 빌딩, 쇼핑몰, 호텔, 레지던스, 아트갤러리 등을 포함한 '상업용 지구 개발계획 안'을 만들어 강남구청에 제출했다. 현재 이 지역 20여만 평 블록은 1976년에 공용시설보호지구로 지정된 이후 35년간이나 주거·상업 용도로 쓸 수 없게 묶여 있다.

한전 본사 부지의 한전 자체 부동산 개발 사업 추진과 관련법 개정

움직임은 조기 매각을 원하는 MB 정권의 심기를 건드렸고 계속된 논란을 일으켜왔다. 그러다 작년 연말 '한전 본사 부지를 제외한 한전의 부동산 등 개발사업'이 사전 정부승인 및 수익 재투자 조건으로 허용되었다.

한편 서울시는 지난 2009년 1만㎡ 이상의 서울 도심 내에 묶였었던 대규모 금싸라기 땅 16개의 개발을 허용하면서도 한전 본사 부지는 사전 부지매각을 전제조건으로 제외하여 MB의 심기를 건드리지 않게 노력했다. 그리고 2010년 연말 한전법 및 시행령 개정에서 '한전 본사 부지의 한전 자체개발을 제외'한다는 규정이 확정되자 35년간 묶여오던 건축물제한(공용시설 보호지구)을 해제하고 용적률을 대폭 높여 주상복합과 상업용 시설이 가능한 1종 지구단위로 상기 20만여 평을 변경한다고 공시했다.

결국 한전은 자기 땅에서 손 떼게 하고 극히 제한된 누군가에게 매각되게끔 모든 일이 진행되어온 것이다. 때맞춰 기재부는 내년 상반기 이전까지 조속한 한전 본사 용지매각을 한전 측에 통보했고 국토해양부는 공개경쟁이던 공공기관 이전부지 매각규정을 2회 이상 공고 시 미매각되면 수의계약이 우선 추진되게끔 변경했다.

그 땅에 차라리 장기임대 주택을 지어라

한국에서 가장 비싸고 개발 비용이 많이 드는 거대한 땅이지만 일단 상업용으로 용도 변경되어 확보할 경우 그 개발수익은 이루 말할 수 없게 된다. 그것도 2번 유찰되면 수의 계약도 가능할지 모른다. '살 능력이 있는 사람이 누구도 없으니깐 내가 사준다'는 방식으로 앞서 계획서를 낸 재벌에 팔릴 가능성이 매우 크다.(아직도 한전부지 매각은 오리무중이라고 한다.) 그리고 그렇게 되는 과정은 우리가 '강남 부동산개발사'에서 수없이 봐온 정경유착과 별다르지 않으리라고 보인다.

결국 정해진 누군가에게 넘기기 위해 몇 년 전부터 모든 각본이 진행됐는지 모른다. 만약 종교시설의 땅을 정부가 공공용도로 헐값 매입한 뒤 그것을 다시 용도 변경해 한국 최고의 독점재벌에 짜고 판다면 이것은 국가가 아니라 거대한 '부동산 시행사'인 것이다.

일부는 그 자리에 공원을 지으라고 하지만 이 경우 주변 부동산 값만 더 높여주게 된다.

그래서 나는 코엑스 7.5배의 거대한 강남땅에 MB가 그토록 좋아하는 '무주택 서민용 장기임대 보금자리 주택'을 지으라고 요구한다. 애초 6,200억에 샀으니 땅장사할 게 아니라면 억울할 것도 없다. 집 없는 서민도 강남땅에 한번 살아볼 꿈을 꿀 수 있는 것이 진정한 '진서민 공생'의 실천 아닌가? 그린벨트 해제하여 외진 구석에 만든 비싼 보금자리 주택보다 훨씬 낫지 않은가? 그것이 MB 본인이 언급한 새 브랜드 '공생발전' 정신에 걸맞지 않겠는가?

민간인 사찰 무마에서 드러난 이 정권의 쪼잔함

MB 정권의 디테일 한 뒤끝

지난 총선 전에 터진 민간인 사찰 사건은 많은 파장을 나았다.

민간인 불법사찰이 터진 경위는 2008년 수입 쇠고기 촛불시위로 정권이 혼쭐이 난 뒤 그 '뒤끝'에서 나온 '디테일'함 때문이었다. 별것도 없는 사람에 대해 친노 돈줄이라 착각해 사정기관이 나서 '뒤끝 작렬'한 결과가 오히려 덜미를 잡힌 꼴이 되어 버렸다. 그리고 이 사건이 2010년 확산되어가자 고향 '졸병 3명'에 덮어씌워 꼬리를 자르고 윗선은 다 빠져나갔다. 그러나 그 수습 과정에서 보인 '쪼잔함' 때문에 결국 호미로 막을 일이 가래로도 못 막는 형국으로 가게 되었다.

연초 나는 한 팟캐스트에 나가 MB는 씨름으로 치자면 모래판에 닿기 5㎝ 전에도 되치기를 통해 상황을 역전 시킬 수도 있는 능력의 소유자라고 평가한 바 있다. 솔직히 그의 가장 큰 장점은 '디테일'한 부지런함에 있다.

지난 60년대 이후 산업화와 개발도상의 과정에서 필연적으로 재벌들이 등장한다. 이들은 뇌물, 담합, 무마, 회계조작, 상납, 공권력 동원 등 거의 모든 가능한 당근과 채찍을 사용하며 눈부신 성장을 거듭했다. 이 과정에서 몸소 이 모든 테크닉을 섭렵하여 살아남은 사람이 바로 MB이다. 이러한 배경을 가진 MB 정권은 사람을 다루고 정적을 컨트롤 하는데 탁월하다. 그러나 때로는 너무 세밀하게 사소한 부분까지 '뒤끝'을 보이려다 무리수가 터져 나오곤 한다. 이 정권 초창기 위세가 하늘을 찌를 때는 정보기관 졸병이 그 수장을 사찰하기도 하였다. 같은 당의 라이벌 정적에게는 전담팀을 두어 그가 갔던 식당까지도 뒤졌다는 폭로도 있다.

디테일하고 뒤끝이 많은 사람이나 정권에는 '선이 굵은 포용과 아량'이 결여될 수밖에 없다. 정적이나 정권에 입바른 소리를 하는 사람을 오히려 포용하는 배포와 아량을 보였다면 MB 정권은 지금보다 훨씬 나은 입지에 있었을 거라고 생각된다. 그러나 타고난 천성과 보고 배운 것이 '아량이나 포용'과는 한참 멀기에 결국 본성을 속이지 못하고 '디테일 한 뒤끝'을 보이다 오늘날의 파국을 맞이 있다.

'비즈니스 프랜들리 정권'의 한계

조폭 영화와 홍콩 누아르 영화를 보면 건달끼리 내부에 문제가 발생하면 '좀 나갔다 와라'라고 하는 말이 등장한다. 홍콩 영화에서는 '대만이나 인도네시아, 싱가포르 등에 나가라'고 하고 한국 영화에서는 '하와이나 일본, 필리핀 등에 나가라'고 한다. 그 유명한 〈친구〉의 대사 '니나 가라! 하와이'가 이 대목에서 나온 것이다. 아니면 '들어갔다 와라'라고 하는데 이때는 감방에 대신 좀 갔다 오라는 뜻이다. 양자 중 어느 경우든 십억 이상이 왔다갔다하고 빵에 가면 액수는 더 올라간다.

들리는 이야기로는 정권 측이 장진수 측에 10억을 주겠다고 제안한 내용이 나온다. 보통 이런 일을 대신 뒤집어쓰고 빵에 가거나 옷을 벗고 집행유예 등을 받을 때 권력이 제안하는 최소규모의 금액일 것으로 보인다. 권력이 꼬리 자르기를 하기 위한 무마용 돈을 구할 수 있는 곳은 수천억을 영수증 없이 쓰는 기관이거나 분식회계, 주가조작, 해외 자금 도피 등으로 사정기관에 덜미가 잡힌 부정한 대기업 등일 가능성이 크다. 이런 식으로 10억에서 수십억을 던져주고 대신 덮어쓰라 하며 꼬리를 자르는 것이다.

이 정권도 이러한 관행에 따라 주인 없는 돈이나 뜯어낸 돈으로 입막음을 했으면 지금 이 지경까지 안 오고 무마됐을지도 모른다.

그러나 덮어쓰고 빵에 갔다 오거나 집행유예를 받고 옷을 벗은 희생양들에게 푼돈이나 조금씩 주면서 책임회피를 하는 분위기니까 당사자들 측에선 억울한 마음에 폭로가 나온 것이다. 대신해 빵에 갔다 온 다른 한 명도 출소 직후 언론에 '섭섭한 심사'를 표시하는 의도적 인터뷰 비슷한 것을 했다.

이번 민간인 사찰에 관여된 이들은 모두 '영포라인' 즉 '로얄패밀리 홈타운' 근처의 비선조직 구성원들이며 직위와 업무에 상관없이 핵심 실세에 직접 보고했다는 의혹이 나오는 인물들이다. 이들이 발탁되어 불법사찰 일을 할 때는 정권의 위세가 하늘을 찌를 때라 세상 무서운 줄 모르고 설쳐대다 흔적을 남기게 되었다.

사태가 안 좋게 흘러가자 '대신 총대를 메달라'라고 '꼬리 자르기'에 들어갔을 것이고 내가 뒤집어쓰고 가더라도 최소한 공무원 생활 몇 배는 해 주겠지 하고 빵에 가거나 옷을 벗었을 것이다. 그러나 화장실 갈 때와 나올 때는 다른 법인 것이 세상의 이치다.

'의리'나 '충성'은 보스가 밑에 있는 사람에게 무한한 대가를 보장할 때 나오는 법이다. 전두환과 장세동의 의리가 그냥 나왔겠는가? 그러나 MB 정권은 전두환과는 한참 거리가 먼 '쪼잔한 발뺌' 정권이다. 수십억이면 무마되었을 일을 이 지경까지 끌고 온 것은 제 돈도 아닌 걸 가지고 인색하게 '2,000', '4,000', '5,000'만 원씩 찔끔거리며 가랑비 내리듯 찔러준 이 정권의 '쪼잔함' 때문이다. 나아가 정권 초에는 서로 호가호위하며 즐겨오다가, 정권 말이 되자 내가 책임지고 수습하겠다고 나설 '사고 마무리용 제대로 된 가신' 하나 없는 '비즈니스 프랜들리 정권'의 한계도 보이고 있다.

이번 일로 볼 때 MB와 그 측근의 관계는 '의리'가 아닌 '비즈니스'용 관계이며 '가신'이 아닌 '집사'의 관계에 불과한 것으로 보인다. 가신은 영주에게 '무한 충성'을 바치며 영주는 가신에게 무한한 '밥'을 보장한다. 그러나 주인과 집사는 이권으로 성립된 일시적 계약 관계이다.

 이영호 전 비서관은 기자회견에서 자기가 '증거 은폐'를 지시했다고 말했다. 언뜻 보면 장세동처럼 보이지만 그는 '민간인 사찰'을 지시했다고 한 것이 아니라 '단지 컴퓨터 파기만을 지시'했다고 총대 메는 흉내를 낸 것뿐이다. 기왕에 장세동 흉내를 냈으면 '불법 사찰'과 '증거은폐' 모두 자신이 시키고 알아서 한 일이라고 해야 했다. 그러나 그는 기껏 비장한 표정으로 장세동 흉내를 냈지만 정작 총대는 메는 듯 흉내만 냈지 메지 않았다. 그래서 그의 회견은 개그처럼 보이는 것이다.

 한때 잘 나갈 때 '디테일'하게 '뒤끝 작렬'했던 당당한 모습은 온데간데없고 이제는 '푼돈 무마의 쪼잔함'과 '서로 발뺌'하는 추한 모습만 드러내고 있다. 본래 인간은 천성을 절대 속이지 못하며 어려울 때 그 본성이 잘 드러나는 법이다.

정권이 해먹는 수법

MB 정권말에 들어 정권의 각종 의혹을 지적하는 글들이 여기저기서 등장하고 있다. 그러나 이런 대부분의 의혹 제기는 잘 알려진 유명한 사건들에 국한되어 있다. 정권을 잡은 권력자들이 그렇게 허술하지는 않다. 자신의 잘 알려진 비리에 대해서는 임기 동안 어떤 식으로든 알리바이를 만들고 흔적을 지우기 마련이다. 각 정권마다 온갖 의혹이 난무했지만 비리와 관련해서 큰 건이 제대로 걸린 적이 있었는가?

그럼 이쯤에서 정권들이 해먹는 수법을 한번 알아보자.

첫째, 한해의 국가 예산은 320조가 넘으며 지자체의 별도 예산까지 합하면 400조가 넘는다. 이 막대한 예산을 기반으로 도둑질해 먹는 비리 구조가 형성된다. 여기에는 대형 국책개발사업 및 관급사업 발주·하청, 각종 자재구매 및 물자도입, BTO, BTL 등 민자사업(최소

수익보장), 대형공기업의 각종 발주 등이 포함된다. 발주방식과 관련해서 발주가의 20~30%의 비리가 발생한다. 또한 정부의 국내외 투자, 국부펀드 차관, 수출보증 등 공적자금을 다루는 공적 기관의 투자, 자산인수, 보증 등도 매우 중요한 부분이다. 국가 예산을 빼돌리는 구조를 개선하면 각종 복지현안 즉 무상급식, 무상교육, 무상의료, 반값등록금 등을 즉시 해결할 수 있다. 이 네 가지를 다 합하여도 예산이 50조가 되지 않을 것이다.

둘째, 정권의 비리 수법이 진화하면서 권력을 사용하여 스스로 돈을 벌어먹을 줄 알게 되었다. 과거 각종 시장, 기업정보 등을 이용해 주가조작에 앞장서던 꾼들이 권력자 주변인으로 신분과 지위가 상승하자, 각종 경제정책 정보와 국내외 개발 Project, 자원, 신성장 동력 사업 등을 이용하여 떼돈을 버는 방법을 배우게 된 것이다. 여기에는 당연히 주가조작수법도 동원된다. 그리고 그 피해는 정보에 혹한 개미투자자에게 돌아간다.

또한 '국가의 도움'으로 해외 Project에 진출하고선 그 결과물은 '사유화'하는 일도 비일비재하다. 뿐만 아니라 이런 과정에서 해먹는 구조의 신뢰도를 향상하기 위해 공무원과 공기업을 동원하는데 알다시피 공직 사회는 윗분의 눈치만 있어도 알아서 기는 분위기이므로 이에 적극 협조한다.

셋째, 정권은 국가 자산의 매각과 민영화 및 공적자금 투입과 관련

하여 이런저런 방식으로 해먹는 방법을 만들어 낸다. 공기업 민영화, 국유자산 매각, 부도난 사업체의 부실채권 인수 및 공적자금 투입 여부 권한 등이 그것이다.

넷째, 현재 OECD 국가 중 한국의 GNP에서 차지하는 조세부담률은 최하위 수준이다. 즉, 월급쟁이는 열심히 내어도 정작 세금을 제대로 내어야 할 재벌 등 큰손들은 세금을 제대로 내지 않는다는 말이다. 또 한국의 지하경제는 GNP의 30% 가까이 되는 것으로 추정되고 있다. 상속세, 증여세, 양도소득세, 자본이득세 등 재벌과 강남 투기 자본으로부터 당연히 받아내야 할 세금을 정권이 깎아주면서 유착관계를 형성하는 것이다. 이런 방식으로 재벌들이 수백조 원의 사내 적립금을 만들어 내는 것이다.

다섯째, 각종 인허가의 인사발령이다. 한국에서 규제가 복잡한 이유는 인허가 특혜와 독점 부여의 과정에서 해먹기 위한 목적도 있다. 노른자위 인사에는 반드시 상납이 있다는 것도 각종 사건에서 본 바가 있다.

세밀하게 들어가면 끝이 없을 것이다.
그런데 이러한 비리를 색출하고 적발하기 위해선 해먹는 사람보다 더 뛰어난 지식과 정보 및 예민한 후각이 필요하다. 정부의 예산·재정·회계·조세 및 그와 연계된 정책 등은 매우 복잡해서 익숙하지 않은 사람은 파악하기 어렵게 되어있다. 따라서 바쁜 생활인이나 전문성이 부족하고 관심이 다양한 NGO는 한계가 있다. 또 던져주는 것만 받아먹고 사내의 이런저런 guide-line에 갇혀 있는 기자들에게는 이를 기대하기가 쉽지 않다. 비리세력은 계속 수법이 진화하고 꼬리를 짤라 흔적을 지운다. 또한 이런 권력비리 색출을 제도화해야 할 정치권이나 검찰, 감사원, 사정기관은 잘 알다시피 거대한 공모의 카르텔을 형성하고 있다. 야당조차도 자신이 곧 여당이 될 수 있다고 보거나 혹은 자신도 과거에 그랬기 때문에 적극 나서지 못하고 있다. 또는 인기 없고 위험한 권력비리 색출보다 어디에 예산을 쓰자고 주장하는 일이 훨씬 쉽기에 그러는지도 모르겠다.

국가 예산과 세금을 지키고 보편적 복지국가를 만들기 위해서는 복지 어젠다 주장만큼이나 정권의 권력비리 색출에 대한 전문성 확보도 중요하다. SNS처럼 발달된 사회적 네트워크를 통해 각계에서 전문성을 가진 시민을 조직화하고 양심적 내부 고발을 활성화하여 우리의 세금과 예산을 지켜야 한다. 그리고 그 돈으로 복지국가를 만들어야 한다.

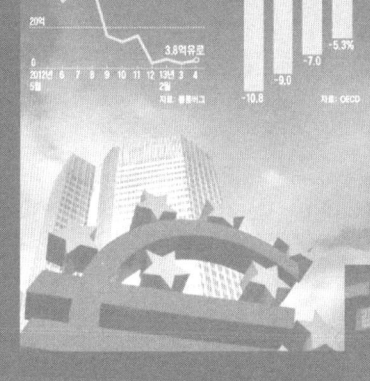

2부

대공황과 경제개혁

지난 2008년 금융위기 이후 고환율 등으로 수출 대기업이 수백조 원의 이익을 본 이면에는 부자 감세의 구멍을 메꾸기 위해 늘어가는 간접세를 부담해 온 서민들의 희생이 있었다.

- 세금 구조의 비밀 - 간접세 中에서

'세금은 간접적'으로 내더라도 '분노는 직접적'으로 표해야 나라가 산다. 모든 혁명의 역사는 세금의 역사다.

- 저들이 훔쳐먹고 빼먹는 것은 결국 내 돈이다 中에서

대공황, 유럽과 전 세계 정치를 봐라

요동치는 세계정세

유럽 각국에서 선거가 벌어질 때마다 집권당이 패배하고 있다.

2008년 금융위기 이후 영국, 이탈리아, 스페인, 아일랜드 등 각국의 집권 세력이 이미 선거를 통해 심판을 받았다. 또 작년 12월까지 벨기에는 540일 동안 무정부 상태였고 그리스도 당분간 무정부 상태이다.

프랑스 대선, 그리스 총선 결과는 현재의 경제 상황에 대한 유럽인의 공포기 패닉에 가까움을 보여주고 있다. 그리스는 지난 총선에서 '급진좌파 연합'이 16.3%로 2당이 되었고, 신나치 극우정당 '황금 새벽'이 7%를 얻어 원내에 진입했다. 프랑스는 대선에서 정권이 사회당으로 교체되었고 더욱 놀라운 것은 대선 1차 투표에서 극우정당 '국민전선'의 마리르펜이 18.01% 득표해 3위, 급진 좌파전선 멜낭숑이 11.11%로 4위를 차지해 극우 극좌 합계가 30%에 달했다는 사실이다.

한편 유럽에서 경제가 가장 안정되고 호황인 독일에서조차 메르켈 총리가 이끄는 기민당이 지방 선거에서 연이어 패배해 내년 총선에서 총리 3선에 빨간 불이 켜졌다.

이런 유럽 각국 정권 붕괴의 이면에는 EU가 일방적으로 강제해온 긴축정책에 대한 분노, 개별국가가 자기의 미래를 결정할 수 없게 하는 보이지 않는 권력 시스템에 대한 항의가 내재해있다. 장기 침체와 높은 실업, 복지체제의 수정과 미래에 대한 불안 등이 극좌·극우에 대한 지지로 나타나고 있다. 현재 상황만 놓고 보면 1920~1930년대 이탈리아, 독일, 일본에서 벌어진 '국가 사회주의적 극우 파시즘'이 득세하던 현실과 그 분노의 대상만 달라졌을 뿐 흡사한 모습이다.

문제는 그나마 다소 경제 상태가 나은 북유럽에서도 극우세력이 득세하는 상황이 전개되고 있다는 점이다. 최근 핀란드에서 극우 '진정한 핀란드당'이 20%를 득표했고 스웨덴에서도 우익 포퓰리스트 정당인 '스웨덴 민주당'이 원내에 처음 진출했다. 동유럽 또한 극우 정당이 나쁜 경제 상황을 발판삼아 체코, 슬로바키아, 폴란드, 헝가리 등에서 급성장하고 있다.

최근 푸틴이 재집권한 러시아가 자원 민족주의와 파시즘 상황을 더욱 가속하고 사회 통제와 대외적 강경정책을 고수하는 것 또한 외부적 자극을 통해 내부 민족주의를 자극하고자 함이다. 일본에서도 오자와 등이 올해 내 조기 총선실시 등을 주장하고(12월 16일 조기총선

실시) 극우 민족주의자 하시모토 오사카 시장은 대지진과 원전사고, 장기경제불황과 리더쉽 부재의 일본사회에서 최근 가장 인기 있는 정치인으로 떠오르고 있다. 이는 최근 일본의 극우주의 성향과 더불어 일본 정치에 캐스팅 보트를 던질 수 있는 막강한 극우정당이 탄생함을 의미한다. 미국의 극우가 사회 전반에서 강화되는 것 또한 비슷한 추세이다. 우리 인근까지 장기 경제 위기에서 비롯된 극우 파시즘이 접근하고 있다.

최근 경제성장이 둔화하고 있는 중국은 시진핑으로의 권력교체가 진행되면서 보시라이, 저우융캉 등이 실각하며 예전과는 다른 내부균열을 보이고 있다. 이런 내부 분열의 주요 이유는 중국 내부의 독특한 권력승계 방식이 시간이 지남에 따라 권위가 흔들리는 탓도 있지만, 경기 둔화에 따른 계급 갈등적 시위, 분열, 대립의 확산과 부패의 일상화 등이 겹쳐져서 터져 나오고 있기 때문이라고 봐야 한다.

한마디로 경제는 자본주의 체제, 정치는 공산주의 집권이라는 모순이 무너져가고 있는 것이다. 부동산 거품붕괴, 수출둔화, 고용둔화 등이 겹치고 있는 중국은 결국 수년 내에 경착륙을 하며 내부모순이 터져 나올 것이다. 중국의 경제 수치는 대부분 조작되고 있음을 알만한 사람은 다 안다.

1조 7,000억 달러가 넘는 경기부양에도 미국의 경제는 그야말로 '야누스' 같은 모습을 보이고 있다. 한 달은 나빴다가 한 달은 좋았다가 하는 갈피를 잡을 수 없는 경기동향 수치들이 발표되고 있다.

나는 세계적 경세 석학, 경제 관련 기구, 경제전문가, 애널리스트라고 하는 권위를 믿지 않는다. 그들은 마치 걷잡을 수 없이 널을 뛰는 미국 경제지표 발표나 속을 알 수 없는 중국 경제동향처럼 자기도 모르는 거짓을 말하고 있다. 세계 각국 주식, 펀드, 채권, 외환, 파생상품, 현물, 선물에 딜을 한 자기편이 유리해지도록 여론을 형성해야 하기 때문이다. 세계 경제 전문가 치고 이런 금융투기에 자유로운 사람이 몇 있겠는가?

TV나 미디어에 자주 등장하고 세계 각지에서 열리는 포럼, 세미나, 주요 고급회의에 거액의 참석료와 최고급 대우를 받으며 참석해 자기도 모르는 말을 이해관계에 따라 지껄이는 것이 이들이다. 이들의 거짓 발언에 따라 하루는 맑았다 하루는 흐렸다 하는 것이 세계 경제 동향이다.

세계 경제 위기의 원인

현재의 위기는 첫째, 경제성장의 동력이 금융으로 과도하게 집중되고 실물과 금융이 너무 지나치게 괴리되는 정책을 80년대 신자유주의 득세 이후 가속한 때문이다.

둘째, 정치를 지배하는 자본의 힘이다.

세계 각국에선 다국적 자본, 대기업, 금융, 자본가, 군산복합체 등이 냉전 붕괴 이후 정치를 지배하여 부자 독식과 승자독식을 강화해 왔다. 이들이 정치인을 손에 넣고 금융규제와 감독을 폐기 또는 완화하고 민영화, 급속한 세계화, 금융의 입맛에 맞는 금융정책을 구사해

오며 세계 각국의 경제를 망조에 들게 했다.

셋째, 제조업 혁신의 힘이 사라졌다.

과거 1·2차 산업혁명과 혁신은 경제에 동력을 불러일으켜 18세기 산업혁명과 20세기 세계 경제의 부흥을 이끌었다. 그러나 이러한 생산적인 제조업이 붕괴되고, 제조업에서의 혁신이 둔화되면서 그에 따른 생산성이 떨어지고 있다. 또한 경제의 종합 축이 금융으로 이전하며 3차 서비스 산업 위주로 고용이 재편되고 있는 상황이다. 그러나 3차 서비스 산업은 낮은 생산성과 저임금의 원천이 될 뿐이다. 세계가 제조업을 포기한 대가를 치르고 있는 것이다.

넷째, 세계화는 상품 자본의 이동만 전제하지 노동의 이동은 소외되어왔다. 따라서 불법이민이 대세가 되고 이것이 세계 각국의 분열의 한 원인이 되고 있다.

다섯째, 가식의 정치가 이 모든 공황의 가장 큰 원인이다.

2차대전의 트라우마에서 벗어나지 못한 유럽 정치가 허위적 위선으로 공동체, 관용, 평화, 환경 등을 내세우며 무리하게 EU 통합에 나섰다가 그 대가를 치르고 있다. 미국도 냉전 이후 세계 경찰과 제국주의를 자처하다 내부 경제가 무너지며 거덜이 나고 있다. 무지한 러시아는 자원 민족주의를 내세우며 KGB 출신의 손 아래 들어가 막장으로 가고 있고, 출구 없는 일본은 패전의 아픔을 잊은 채 다시 극우로 복귀하고 있다. G1에 대한 환상을 품은 중국은 내부가 무너지는 줄도 모르고 기만적이고 위선적인 이중체제에 액셀러레이터를 밟고 있다.

나는 이번 세계 대공황이 최소 15년은 갈 것이라고 본다. 내부적 모순이 누적되어 도저히 해결이 불가능한 상황이 와야 총체적 붕괴에 의한 새로운 재편이 시작될 것이다. 지금이 바로 정치와 경제체제가 한계에 달해 재편과정을 겪고 있는 시기인 것이다. 가장 빠른 방법은 전에도 언급했듯이 전쟁에 의한 물리적 재편이다.

1929년의 대공황이 결코 루스벨트의 뉴딜정책에 의해 회복된 것이 아니다. 히틀러가 총대를 메고 전쟁을 일으켜 신 수요를 창출하며 대공황을 종식시켰다. 그러나 그 대가로 5천만 명이 넘는 인명과 전 유럽이 초토화되었다. 물론 21세기에는 이런 전쟁이 있어서는 안 되며 세계 각국의 솔직함, 지혜와 창의, 관용, 협력 등에 의해 극복돼야 한다.

유로존의 문제 해결은 그리스의 EU 탈퇴와 공동경제정책의 폐기 그리고 부채의 청산에서 와야 함에도 부자국가들의 욕심과 독일, 프랑스 등의 EU에 대한 맹목적 환상이 이를 가로막고 있다. 긴축을 해서도 긴축을 완화해서도 둘 다 답이 없는 상황이다. EU는 공존이라는 위선을 벗고 EU 존립, 복지, 이민에 대해 솔직한 답을 내놓아야 한다.

미국은 정치 시스템에 대한 자본의 지배를 근본적으로 청산해야 함에도 겉으로 멀쩡한 민주주의 국가처럼 위선을 떨고 있다. 미국 인텔리 상류층의 나이브한 여피들은 진보주의자 인척 고상을 떨고 중하류 층은 극우 복음주의적으로 되어가고 있다. 〈천국의 문〉이라는 마이클 치미노의 영화를 보면 미국의 개척과 창립 역사는 원래 고상한 것이 아니라 '피와 힘'의 역사였다. 미국의 위선이 본질을 놓치고 스스로를 망치고 있다.

　러시아와 일본은 극우 민족주의적 회귀가 국민 다수의 불만계층을 등에 업고 가속화될 것이며 이럴 경우 앞날은 매우 우려된다. 중국은 사회주의-자본주의 이중체제와 위선을 청산하지 않는 한 체제 모순과 부패의 한계를 결코 극복할 수 없다. 모두 쉽지 않은 일이다.

문제는 한국이다!

　세계 각국 거짓 경제 전문가들이 한국을 찬양하며 무역과 금융체제를 단기간에 세계 최고수준으로 개방시켰고 지금 그 이득을 취하고 있다. 물론 우리가 대가로 얻은 이익도 상당하나 그 이익은 그야말로 우리들 중 극히 일부 계층에게만 돌아가지 고루 분배되지는 않는다.
　앞날 없는 중산층 서민을 정치권은 경제민주화, 보편적 복지라는 말로 홀리고 있다. 세계 경제상황이 이럴진대 우리만의 경제민주화, 보편적 복지가 가능한지 우리의 경제가 이후 어떻게 될지 아무도 고민하지 않는다. 오로지 70·80년대식 재벌 위주 성장론과 이에 대한 반감을 이용한 극좌, 극우식 포퓰리즘 복지만 논의되고 있다. 세계 최고 수준의 경제 개방과 무역개방 국가인 우리가 세계의 대공황적인 경제 상황과 어떤 관계인지 아무런 고민이 없다.
　주요 여·야당은 오직 말장난과 술수로 일관하며 겉으로만 경제민주화, 복지, 상식, 미래를 언급하고 있고 진보는 종북과 난투극의 수렁에 빠져있다. 정치인, 관료 누구도 현재의 경제위기가 장기 대공황의 초입이라는 것을 생각조차 하지 않고 있다.

이 외에도 지금 MB 정권이 공개하지 않고 감추고 있는 가계 부채와 국가부채가 얼마인지, 저축은행 포함 금융부채가 얼마인지, 부동산 문제가 얼마나 심각한지 아무도 얘기하지 않는다. 또 특정 계층에 쏠린 부의 집중의 폐해와 중산층의 몰락 그리고 빈민층의 급속한 증가가 얼마나 심각한지 제대로 파악하지 못하고 있다. 왜 국세청이 상위 10%, 1%, 0.1%의 소득규모를 공개하지 않는지 아는가? 이 자료가 공개될 때 사회적 저항을 감당하기 어려워서이다.

세계 모든 블록이 헤매고 있으니 하향 평준화 하에 특별히 한국이 잘나가는 듯한 착시를 일으키고 있는 형국이다. 문제가 뭔지 모르면 답도 없는 것이다. 이 마당에 정치권에 끈 대고 있는 가짜 경제 전문가들만 신분상승을 위한 무대인 대선, 총선 등 선거를 목 빠지게 기다리고 있다.

이 위기가 답조차 없는 이유

지금 전 세계의 위기는 산업자본주의의 본질적 한계에 기인하고 있다. 산업자본주의는 시간이 갈수록, 자동화, 기계화, ICT 산업의 발달, 세계화에 따른 분업화의 양상을 띨 수밖에 없고 우리는 이것이 부가가치, 즉 생산성의 향상이라고 생각해왔다. 그래서 인류는 세계화와 기술의 발전이 가속화 하면서 발생하는 국지적 부작용만 감수하면 궁극적으로 더 큰 파이가 우리에게 주어질 것이라고 착각해왔다.

그리고 90년대 말 2000년 초반 IT 기술에 의한 혁신이 성장과 물가안정이라는 두 마리 토끼를 가져다준 걸로 생각했다. 이 가짜 믿음에 스스로 주술을 걸며, 정책적으로 설정한 저금리 금융을 부동산 투기에 유도했다. 물론 투기자본의 이해에 맞게 각국의 정치권력은 각종 규제감독을 완화하면서 이를 적극 지원했다.

원래 정치적 목적이 먼저 앞서며 90년대 급속히 추진된 EU 통합은 '단일통화'에 대한 고민도 없이 모두 그 통합의 잇속만 동상이몽으로 노린 결과물이다. 따라서 통합시의 환율, 경제력과 산업의 격차는 도외시한 채 신용증가, 부동산 상승, 제조품 수출 등 당장 눈앞의 이익에만 골몰하며 겉으로는 유러피언 드림, 관용, 공존, 공동체, 평화를 말하며 가식을 떤 것이다. 지금 위기가 오니 애초 통합의 명분과 대의는 사라지고 치킨게임, 벼랑 끝 전술, 배 째라식 막가파 행동밖에 안 보인다.

경제학에서 그 주체가 국가일 경우에도 개인과 마찬가지로 모럴해저드의 극단적 예를 보여줄 수가 있다. 저 답도 없는 모임은 결국 온갖 추태와 골병을 만성화시키면서 폭탄해체를 (각국이) 다음 정권으로 넘기며 전 세계를 동반 추락으로 이끌어 갈 것이다.

문제는 답이 있는가이다. 솔직히 현재로선 어떤 답도 없다. 긴축, 증세, 부채감소, 재정적자축소, 공동 규제감독기구 및 공동 구제금융 확보 등으로 지병석 환자를 연명은 시킬 수 있을지 몰라도 회생은 절대 불가하다.

자본주의는 지난 60여 년간 새로운 혁신에 실패했다. 생산성 향상,

신발명, 신기술 등 인류의 삶을 근본적으로 향상시킬 새로운 그 무엇도 제대로 나오지 않았다. 인간의 도덕성이 무너지고 황금만능주의, 쾌락, 사치 및 과시적 소비, 투기가 영혼을 지배하고 있다. 미국 아이비리그를 나온 우등생이 이공계까지 포함해 졸업 후 죄다 어디로 몰려가나? 물리학과, 수학과의 인재가 금융투기공학을 만들고 경제학은 다국적기업과 투기자본의 노예가 되었다. 철학과 인문학은 사라지고 'MONEY IS EVERYTHING!'이 되어버렸다. 기껏 핸드폰, 페이스북, 트윗, 구글에 특화된 혁신이 인류에 무슨 가치를 증진 시켰는가? 반면에 항공우주산업, 생명공학, 재생에너지, 수소차 등은 수십 년째 큰 발전 없이 더디게 성장해 왔다. 경제는 정작 필요한 걸 외면하고 돈 벌기 쉽고 편한 부분에만 지나치게 편중 발전해왔다. 경제학은 스스로 도덕을 포기하며 영혼을 상실한 좀비가 되었다.

자본과 부패와의 결탁 및 유착에서 벗어나지 못한 비도덕적 정치인들이 선동과 포퓰리즘을 앞세워 전 세계 정치권을 장악해 버렸다. 이들은 뻔히 투기 거품을 키우리라 예측됨에도 규제를 완화하고 투기를 장려하며 당장 눈앞의 수치에 집착해왔다. 그러면서 온갖 언어의 유희로 그럴싸한 명분을 독차지하며 국민들을 늘어난 투기자산의 환상에 탐닉하게 만들었다.

미국, 유럽, 중국, 일본 이 4대 주요 경제블록 모두는 금융을 부동산과 섞어 장난치며 국민에게 투기자산효과를 누리게 하려다 사고가 난 공통점을 갖고 있다. 제조업은 모든 가치의 근본이고, 진정한 부가가치와 수요창출은 제조업이 바탕이 되어야 나온다. 미국의 월마트

부터 한국의 이마트까지 유통 서비스업에서 제대로 된 생산성이 나오는 것을 목격한 적이 있는가? 왜 제조업이 사라진 자리에 월마트 같은 저임금 살인노동의 직장이 대체되는가? '투기 경제'와 '부패유착 정치' 이 둘의 결합이 오늘 전 세계를 황폐화하고 망치고 있다.

세계불황에 의한 카다피 몰락과
한국건설의 위기

부패한 카다피의 몰락

2008년 금융위기로 인한 불황의 여파가 북아프리카와 중동을 덮치면서 기초생필품 가격이 폭등했고 이는 재스민 혁명을 가져왔다. 즉 재스민 혁명의 뿌리는 2008년 세계금융위기이며 리비아는 이 혁명에 의해 무너진 두 번째 국가가 되었다.

미국과 서방국은 공습 이후 6개월 정도 시간을 끌면서 반군의 종교, 이념적 실체와 알 카에다와의 연관성을 체크하며 카다피 퇴진 이후의 득실을 따졌을 것이다. 또 카다피가 미국, 유럽 등에 맡겨 놓은 막대한 은닉 재산도 점검하였으며, 신정부가 들어섰을 때의 막대한 석유사업 이권과 건설사업권 및 재건사업 등에 대해서도 계산기를 두

드렸을 것이다. 사실 리비아 카다피 퇴진을 둘러싼 강대국의 의견충돌은 카다피와 친한 러시아, 중국, 독일 등과 그렇지 못한 나머지 국가 간의 이해관계에서 비롯됐다.

문제는 수십 년간 리비아에 지나치게 유착되어온 한국 건설사들이다. 2011년 4월 말까지 리비아에서 사업을 진행 중이었던 한국업체는 21곳으로 공사미수금, 자재분실 등 손실액이 그때까지 1조 2,000억이었다.

WSJ지는 한국이 53개 project에 107억 불의 공사수주가 있다고 보도했다. 또 FT지는 한국이 리비아 카다피와 연관된 공사 수주 때문에 국제사회에서 제대로 목소리를 못 낸다고 비난했다.

북한과 긴밀하고 사회주의 노선을 표방한 카다피 정권과 한국 건설사가 조인한 이유는 무엇일까? 동아건설, 대우건설, 현대건설 등 한국 건설사가 리비아에서 승승장구한 이유는 과연 무엇일까?

지난 2010년 리비아 주재 대사관 직원의 정보탐지 문제로 교민억류 등 심각한 문제가 발생했을 때 리비아를 방문한 정권핵심과 카다피 측과의 중재를 주선한 것도 한국 대형건설사로 알려졌다. 또 동아, 대우 건설이 몰락한 주요 사유로 당시 미국의 제재 대상이던 리비아와의 지나친 유착으로 말미암은 미국 측의 보이지 않는 견제가 거론되기도 한다.

MB 정권 들어 건설사들의 해외 진출을 정부에서 적극 장려 지원했으며 심지어 이슬람채권(수쿠크)까지 특례법을 제정해 들여와 현지 건설사 지원에 쓰려 했다. 그러나 한국 건설사의 해외 진출 전략과 노하우는 MB가 현장에 있던 70년대를 벗어나지 못했다. 그간의 국제정세와 도덕적 가치를 무시한 배금 실적주의 수주전략 탓에 리비아에서 타격을 받지 않을까 걱정이다.

누가 부패한 독재정권을 만들었나

한국은 80년대 이후 리비아에 동아건설, 대우건설, 현대건설 등이 (이들은 공교롭게 다 부도가 났었다.) 카다피와의 경제적 이해관계로 말미암아 활발한 진출을 해 왔으며, 107억 불의 공사를 주요 건설업체가 수행해 오고 있다. 그러나 새로 들어선 민주정부는 그간 카다피가 발주해온 주요 프로젝트에 대해 재검토하여 리비아 민중의 요구에 부합하는 사업(상하수도, 서민주택 등)으로 바꿀 것이고 나아가 국민이 요구하지 않는 독재자의 필요에 의한 전시적이고 부패와 연관된 프로젝트는 중단할 것이나.

리비아 혁명과정에서 왜 우리나라 건설업체의 공사현장을 리비아인들이 공격했는지(이들을 단순히 도둑이나 강도로 몰 것이 아니라) 한국 기업들은 깊이 숙고해봐야 할 것이며, 리비아 사태의 한국기업에 대한 파장을 대비해야 할 때이다. 모든 국제건설계약약관에는 'Anti-Corruption Clause'라는 반부패 계약이 있음을 상기해야 할 것이며 170조 원에 달한다는 카다피의 해외 비자금은 다 어디에서 나온 것인지 숙고해야 할 시점이다.

카다피가 독재는 했지만 국민의 교육 수준을 높이는데 치중해왔고 이에 따라 국민들의 수준도 상당히 높다고 한다. 리비아에 있는 한국 종군기자들에 따르면 리비아 국민은 혼란 가운데서도 질서가 있고 매우 예의 바르며 한 번도 바가지요금이나 불쾌한 일들은 당하지 않았다고 한다. 지난 혁명의 이유는 반외세 항쟁이 아니었다. 42년 카다피 독재기간 동안 애초의 사회주의적 대의는 간곳없고 강압, 부패, 퇴폐 향락으로 추락한 카다피 일가와 그 추종세력의 학정에 국민들이 분노한 것이기 때문이다.

카다피는 100조에서 170조에 이르는 천문학적인 비자금을 미국, 영국, 스위스 등 서방은행에 빼돌렸다. 그 돈은 석유 판 돈과 각종 리비아 건설, 개발 과정에서 뇌물로 상납받은 돈일 것이다. 리비아 내에서 카다피에 비자금을 갖다 줄 만한 자체 대기업은 거의 없다. 이런 점과 관련해 한국 기업들은 과연 떳떳하다고 말할 수 있는가.

나는 과거 중동일 쪽에 관여하면서 리비아의 각종공사나 용역을 따 주겠다며 접근하는 수많은 리비아 측 인사들이나 그들의 앞잡이인 한국 측 인사들을 보았다. 카다피는 독자적 사회주의를 한다며 경전격인 'Green Book'이라는 책을 써서 혁명 대의에 공감하는 전 세계 사회주의자에게 전달했고 그들을 초청하기도 했다.

과거 독재 정권에 저항한 한국의 많은 민주 인사들이 리비아를 방문했다. 그들 중 일부는 리비아에 거주하면서 카디피의 지원을 받아 오히려 국내 리비아 대표부(대사관)를 삼시하기도 하고 카다피 경전의 전도사나 국내기업의 브로커 역할도 했다. 물론 이들은 카다피의 혁명과 그의 독자적 사회주의를 찬양했고 그의 부패나 도덕성 타락에는 눈감았으며 때로 스스로 부패행위에 가담하기도 했다. 그들은 아직도 카다피를 옹호하고 있다.

한국의 정치권력과 대기업들은 리비아가 강경한 반미정책과 사회주의 체제를 유지할 때부터 온갖 방법을 동원해 카다피 측근에게 끈을 대었고, 갖은 수단을 다해 대수로나 발전소, 철도, 상하수도, 주택공사 등에 참여했다. 이 과정에서 카다피 측과 국내 건설기업 일부 오너 간은 말할 수 없이 유착되었고 이는 간혹 국내와 서방의 언론에 화젯거리로 등장하곤 했다. 그러나 공교롭게도 동아, 대우, 한양, 현대건설 등 리비아에서 대형사업을 벌여온 모든 건설사들은 부도가 나거나 주인이 바뀌었다.

한국정부가 정치적으로 리비아와 거리가 있음에도 대기업들은 공사 때문에 카다피에 굽실거리고 비위를 맞추기 위해 혈안이 되었다. 리비아 주재 국정원 직원과 교민의 억류사건 때에도 대통령의 형이 직접 현지에 가서 갖은 굴욕을 겪었고 결국 카다피와 긴밀한 관계의 국내 건설사가 이를 해결했다.

한국인이 돈이나 이해에만 눈이 먼 '어글리 코리안'으로 세계 언론에 비꼼의 대상이 되는 것을 이제는 그만 보았으면 한다. 수단 방법 가리지 않고 공사 따고 외화 획득하고 UN 사무총장 연임하는 것에만 신경 쓸 것이 아니라 세계 인류공영의 대의명분과 도덕성에 신경을 쓰는 모습도 보였으면 좋겠다. 또 그럴싸한 명분으로 포장된 사회주의라고만 하면 무조건 동경하고 찬양하는 이념적 도그마도 극복했으면 한다.

해외 진출에 대한 스스로의 규제와 원칙 필요

이제는 '포스트 카다피 시대'에 대비해야 할 때이다. 건설업계에 따르면 그동안 중단됐던 공사들의 점검을 위해 임원들을 파견하는 한편, 마무리 단계에 들어선 사업장은 최대한 완공을 당기겠다고 한다. 향후 이루어질 재건사업의 수주를 위해서도 발 빠른 움직임을 보이고 있다.

하지만 기존 공사 외에 재건사업을 둘러싸고 벌어질 신규공사 수주를 위해 섣불리 먼저 나서지 말아야 한다는 분석도 나오고 있다. 리비아의 정치·사회적 상황이 아직 안정되지 않았고, 앞으로 재건사업이 어떻게 진행될지 불투명하기 때문이다. 앞으로 진행될 재건사업의 수주과정에서는 과거의 관행에서 벗어나 스스로의 규제와 원칙을 지키는 모습을 보여 주었으면 한다.

말로만 10대 경제 대국, G20국 운운하지 말고 세계 각지에서 우리가 행동하고 있는 모습들을 객관적으로 볼 수 있는 양심도 가졌으면 한다. 외화획득과 해외수주만 할 수 있다면 그 과정은 어떻든 좋다는 식의 구태의연한 정부와 기업의 구시대적 사고방식에 제동을 걸 수 있는 우리 내부의 양심과 도덕성이 절실히 필요하다. 그리고 제3 세계 등에 정부나 기업이 진출할 때 이런 상식이 엄격히 적용되어야 한다. 해외 진출에 대한 우리 스스로의 최소한의 규제가 필요한 시점이나. 과거 우리가 '이코노믹 애니멀'이라 부르던 일본 기업의 행동을 지금 우리가 해외에서 똑같이 답습하고 있지 않나 반성할 때가 되었다.

지난 몇 년간 자원, 에너지 외교, 해외 Project 개발 운운하면서 전 세계를 누빈 MB 정권에 당부한다. 리비아에서 얻은 실패와 교훈을 아프리카나 남미, 중앙아시아, 중동 등에서 제발 반복하지 않기를 바란다. 그 나라의 정권을 부패시키고 그 나라 국민을 외면하는 방식으로 해외개발을 하면 비열한 한국인을 결코 면할 수 없으며 언젠가 반드시 대가를 치르게 된다.

재벌 개혁이 필요한 이유

정경유착은 전 세계적 현상

 사실 지금 전 세계 경제위기의 근원은 거대산업과 금융자본의 정경유착과 정치 장악에 의해 발생한 것이다. 80년대 신자유주의 대두 이후 자본은 정치권력을 돈으로 장악해 오고 있다. 예를 들어 미국의 경우 2004년 대선에 조지 W 부시는 1억 8,800만 달러의 광고비를 지출했다. 2008년 오바마는 트위터 등을 이용해 인터넷에서 소액 다수 기부를 받아 당시 상대 매케인 후보보다 4배에 가까운 광고비를 지출했다. 하지만 이 돈 중 상당수도 월가의 대표적 금융회사로부터 나왔다는 건 부인할 수 없는 사실이다.

 오바마가 받은 월가 기부금은 2004년 대선에서 부시가 받은 돈을 능가했다. 그는 골드만삭스, 씨티그룹, 모건스탠리, JP 모건 등 대표적 월가 기업에서만 1천 580만 달러를 받았다. 나아가 그는 작년 2월 실리콘밸리에 위치한 대표적 IT 기업 CEO 12명과 비밀 회동 만찬을 가졌다.

중앙당과 당 대표가 없는 미국의 정치는 사실상 상하원, 주지사 등 유력 정치인과 잠재적 대선 후보에 의해 당이 운영된다. 그래서 대기업들은 개개인을 직접 접촉해 정치자금을 기부금이라는 명목으로 주기 때문에 투명한 정치, 정치 비용 삭감이 아니라 오히려 내면적으로는 부패정치의 온상이 되고 있다. 이는 BOA, 골드만 삭스, JP 모건 등 미국 월가 주요 금융회사들이 2008년 금융위기 당시 외부에 알려진 것보다 훨씬 많은 정부의 재정지원을 몰래 받아 폭리를 취했다는 사실에서도 나타난다.

미국 대통령이 한국에 F-35를 사라고 압박하고 사실상 동의를 받은 것도 록히드 마틴이라는 항공기 회사를 지원하기 위해서이다. 심지어 '내부무장 기술은 한국에 이전할 수 없다'는 미 국방성 방침을 발표하며 측면 지원에 나서기도 했다. 결국 궁색한 이유를 대며 이 조항을 삭제하기는 했지만 말이다. 이렇게 대기업을 끔찍이 챙기는 미국에서 5,000만 명 이상이 의료보험도 없이 살고 있으며 매년 2만여 명이 보험이 없어 죽어가고 있다.

유럽의 금융, 부동산 등 오래된 재벌은 미국의 대기업처럼 눈에 잘 보이지 않는다. 이들은 수백 년간 전쟁, 혁명 등을 지켜보며 자신을 감추는데 익숙해져 있다. 회사와 돈을 잘게 쪼개고 분산시키고, 숨으면서 몇 세대에 걸쳐 세금을 회피하는데 익숙해 있다. 또한 이들은

'프리메이슨 조직'처럼 은밀히 정치권을 조종하고 후원하고 있다. 이들이 90년대 이후 신자유주의의 득세를 타고 금융투기와 부동산 투기를 일으켜 금번 재정위기의 원인을 제공했고 이들과 결탁한 부패한 정치세력이 탈세, 방만한 국가재정 오남용, 포퓰리즘 등으로 국고를 바닥내었다. 중국, 인도, 러시아 등 신흥국의 정경유착은 말할 것도 없다. 이들 나라에서는 정치권력 그 자체가 바로 기업이다.

MB 정권이 대기업에 선사한 선물들

미국 뉴욕타임스는 '한국의 대기업들은 쓸만한 중소기업이 있으면 모두 장악해 흡수해 버린다'고 보도했고 파이낸셜 타임스는 '한국 재벌들은 MB를 자기 사람으로 생각한다'고 보도한 바 있다.

MB 정권 들어 재벌은 자기들 세상이 된 것은 분명한 사실이다. 그 이유를 따져보자.

첫째, MB 정권 들어 고환율로 인한 70조, 감세로 인한 70조 등 합해서 140조 원 이상의 직접적인 혜택이 대기업에 돌아갔다.

80년대 초 레이건의 감세를 통한 수요와 투자 창출이 미국 경제를 회복시켰다고 자유경제를 신봉하는 자들은 말해왔다. 하지만 1불의 감세가 고작 0.74불의 총수요밖에 창출하지 못했고 고용증가 효과는 감세액 대비 38%밖에 되지 않았으며 재징적사 요인의 57%가 감세 때문으로 밝혀졌다.

MB는 재정적자와 국가 채무증가를 감수하고 경제 위기 극복을 위해 세계 최고수준의 감세를 했지만, 투자와 고용은 줄어들었고 민간 생산과 소비는 확대되지 못했으며 실업과 재분배는 악화되었다. 결국 감세와 고환율이 소수 대기업을 빼곤 국가 경제를 망쳐 놓았다.

둘째, MB 정권은 각종 경제정책에서 대기업에 특혜를 주었다.

규제 완화와 관련해 출자총액제한제도 폐지, 금산 분리 단계 완화, 지주회사 규제 완화, 은행 인허가 요건 완화 등을 시행했다. 기업투자 촉진을 위해선 법인세 3% 인하, 연구개발 시설투자, 세액공제 이외에도 공기업 민영화 추진, 매각 등을 통해 대기업과 금융자본에 공기업을 넘겨주려 하고 있다.

셋째, 거의 모든 국민이 반대하는 4대강 사업을 22조나 들여 강행하여 5대 건설 대기업과 일부 하청업자 배만 부르게 했다. 이에 대한 건설업계의 원성을 한번 들어보라.

넷째, 최근 재벌 딸들이 하는 빵집, 카페로 시끄러웠지만 재벌들이 하는 사업은 이것만이 아니다. 장의업, 청소, 경비, 자동차 정비소, 온라인 교육, 소금생산, 사진관, 골판지, 웨딩, 아이스크림, 샘물, 막걸리, 순대, 떡볶이, 식당, 물류, 택배, 유통, 편의점, 정유소, 와인 등 거의 안 하는 분야가 없다. 2011년 말 현재 55개 재벌 계열사는 1,554개로 2002년 말부터 9년 동안 열흘에 하나씩 새 회사가 생긴 셈이라고 《재벌들의 밥그릇》이란 책에서 언급하고 있다.

다섯째, 재벌들에는 점점 공정한 룰 적용과 규칙이 없어져 가고 있다.

보험료, 통신비, IT 가전제품, 휘발윳값, 항공료, 식품 등 몇 개 재벌들이 과점형식으로 운영하는 분야에서는 가격 담합이 일상적으로 이루어지고 있다. 또 '자진신고감면'이라는 '담합 과징금 면제 조항'을 악용해 서로 짜고 돌아가며 자수해 과징금도 줄이고 있다. 나아가 이들은 불공정 하도급거래, 납품단가 인하 등으로 중소, 하청 영세 기업에 생산원가 이하의 가격을 후려치고 있다. 그룹 계열사들을 교묘히 밀어주고 있는 것은 말할 것도 없다.

여섯째, 이들은 재벌그룹 공식 계열사로 나타나지 않는 '숨은 위장 계열사'를 무수히 운영하고 있다.

이들 위장 계열사는 비자금 조성, 어려운 계열사 부채 떠넘겨 도산시키기, 친인척 밀어주기, 편법 상속 등의 통로로 이용되고 있는데, 최근 검찰은 공정위에 의해 고발된 이 회사들을 고의성이 인정되지 않는다고 불기소 처분하였다.

일곱째, 재벌은 경쟁력 있는 중소기업의 성장을 방해한다.

비슷한 분야나 원료 부품 소재 분야 등에 있어 아이디어와 기술 혁신 등으로 경쟁력을 갖춘 중소기업이 나타나면 한국재벌은 사람 빼가기, 기술 유출, 인수합병, 목 조르기 등 갖은 수단을 다해 흡수시키거나 문을 닫게 한다.

여덟째, 재벌은 돈이 돈을 불리는 주식 등 재테크를 통해 사회기여 없이 돈을 불리고 있다.

2010년 1년간 국내주식 시장에서 30대 재벌 총수 118명의 직계 가족이 주식평가 차익과 배당금으로 12조 9,941억 원을 벌었다. 이들 천억 이상 주식 부자 중 30대 이하가 27명이나 되고 1인당 평균 증가액은 1,110억 원이었다.

다 언급하지 않고 대충 적어도 이 정도이다.

과거 현 야당의 집권 시절에조차도 특정 재벌의 영향력에 포획된 실세 측근과 주요 정치인에 의해 취임사, 국가경제정책, 한미FTA 등이 관철되었다. 재벌경제연구소가 국가 전략을 짜줬다는 '전설적인' 이야기도 있었다. 이 말 중 상당수는 나도 사실이라고 확인한 바 있다. 이것은 입으로는 개혁 진보를 말하면서도 자신의 말을 뒷받침할 체계적 논리와 분석이 부족한 탓이다.

지금 여야에서 나오는 '대기업 폐해시정'과 '경제 민주화'가 정확한 세계 경제·정치·사회 분석과 현행 자본주의에 대한 성찰에서 비롯된 것이 아닌 당리당략에 의한 것이라면 이러한 구호들은 시간이 지나면 또 제자리로 돌아갈 것이다. 지금 세상의 흐름이 분명 대기업의 편은 아니다. 변화에 순응하면 살고 거스르면 죽는 것이다.

지금 청춘들은 힐링이 우선이 아니다

이런 상황에서 각 대선주자들이 내어 걸고 있는 처방은 너무나 한가하고 구호적이며 비현실적이다. 시장통 가거나 직능 단체, 달동네 갈 시간에 차분히 현상 극복 방안을 차분히 체계적으로 공부할 시간이 필요하다. 매번 있는 것 베끼고 남이 써 주는 것 읽다 보니 우선 자기 머릿속이 정리가 안 되고 뭔가 심도 있는 현실진단과 극복 방안도 나올 수 없다.

청춘콘서트를 한다며 전국을 돌며 청년 4만 4천 명을 만났다는 안철수 원장이 자신의 책이나 힐링캠프에서 반복한 내용 중 서점 사회과학 코너에 있는 책에서 나오지 않은 것이 있는가? 그 스스로 '청춘을 위로'한다는 컨셉으로 등장했기에 하는 말이다. 그는 제대로 못 할 경우, '위선과 우롱'의 대가를 치러야 할 것이다. 그러면 이 시점에 미래 우리 자식세대를 위해 국가는 무엇을 해야 하는가?

첫째, 저소득의 빈곤한 청년들을 위해 장기임대 사회주택 제공에 국가가 나서야 한다.

미국, 유럽 저소득층은 생계비 중 최소 40~50%가 주거비용으로 나간다. 이들은 제대로 된 집을 사거나 빌릴 여유가 없는 계층이다. 그러나 취직을 하려면 주거가 있어야 하고 안정되어야 한다. 따라서 이들 세대를 겨냥해 원룸이 아닌 집합주택(collective house)을 국가와 지자체가 대거 공급해야 한다. 지금의 쪽방촌 원룸이나 도시형 주택(고시원)은 단절되어가는 청춘을 더욱 고립시킬 뿐이다. 저렴한 임대료를 통해 이들이 저축과 미래 설계가 가능토록 해야 한다.

둘째, 이들이 결혼하게 되면 소형 아파트 규모의 30년 모기지 주택을 공급해 주되 소득 정도에 따라 모기지 기간을 연장해 주어야 한다. 줄어든 주거비는 삶을 안정시키며 출산율을 높게 만든다.

셋째, 보육과 육아시설은 원거리가 아니라 이들의 집합주택이나 전용 아파트 단위별로 마련해 맞벌이할 수 있도록 편의를 제공해야 한다.

넷째, 최저임금은 생계 가능한 생활임금 수준 이상으로 올려야 하고 각 고용업체별로 능력을 참작하여 정부가 임금 보조를 해야 한다. 이를 위해 각 기업의 회계를 투명하게 감시하는 시스템도 필요하다. 브라질의 경우 룰라 집권 이후 최저임금의 지속적 인상이 노동자 계층의 빈곤감소를 가져온 주요 해결책이 되었다.

다섯째, 임금이 많든 적든 4대 보험이 가능한 정규직 일자리를 늘리는데 정부가 국가 예산을 집중시켜야 한다. 정규직이라야 결혼이 가능하고 최소한의 미래설계가 가능하다. 사회적 타협과 국가적 압력을 통해 현재 고임금 직종 중심의 대기업 임금을 낮추고 정규직 일자리를 늘리도록 해야 하며 임금 통제를 법제화해야 한다.

여섯째, 공직자와 정치인의 부패, 탈세와 지하경제, 불로소득, 자산 해외도피(한국이 중국, 러시아에 이어 세계 3위라는 보도도 있었다.) 등을 집중 추적하는 통제 받지 않는 별도의 기구들을 두고 차기 대통령 5년 임기 내내 부패와 탈세 및 부조리 청산에 나서 국가재원의 탈루를 막고 소세징의를 바로 세워야 한다.

이를 통해 확보된 재원은 전액 소득 재분배에 투입해 20%가 넘는 빈곤층 가구와 청년 실업 층, 워킹 푸어 등에 '생계비 지원 재분배 프로그램'을 가동해야 한다. 이들 계층에는 기초적 '식량지급 쿠폰'(food stamp)과 각종 생활비 할인제도를 지원하고 사회적 일자리 배급 할당에 나서야 한다.

일곱째, 빈곤층의 자녀들에 대한 일괄 '교육지원 프로그램'을 만들고 데이터를 구축하여 학비, 급식, 교재비 등을 관리, 지원하는 시스템을 구축해야 한다. 이들에는 빈곤 세습을 끊어야 하는 것이 핵심과

제이며 국가는 이를 위해 공정한 기회를 제공해야 한다.

마지막으로 복지 수급체계의 대대적 개선이 필요하다. 복지공무원의 채용, 데이터 개선, 불법 복지혜택 수급 색출 등에 집중해야 하고 수급대상자에 대한 자세도 개선해야 한다. 미국은 복지 수급시스템의 붕괴로 복지 공급의 신호가 떨어지고 있고 남유럽은 불법, 과잉수급이 문제인 상황이다.

이상의 대안들이 조속히 마련되지 않는다면 우리의 자녀 세대들은 그야말로 암울한 세상, 범죄와 폭동이 만연한 사회에서 살아가게 될 것이다. 내가 말한 이런 정책들이 이미 브라질, 북유럽 등에서는 일반화된 시책이 되어가고 있고 미국 또한 대공황 시 임금통제와 식량, 숙소의 배급을 시행한 바 있다.

국민들은 선거에서 어영부영한 경제민주화나 복지 담론에 기대어 국민을 희롱하고 정치공학에 기대는 후보를 절대 뽑아서는 안 된다. 여야 전부 이런 식이면 차라리 선거 보이콧 운동에 나서는 것이 자녀 세대를 위해 유용하다. 청춘을 위로 하려면 제대로 해라. 말장난하지 말고….

공존이냐, 공멸이냐 재벌개혁에 달렸다

재벌개혁을 둘러싼 경제 민주화 논쟁이 정점에 달한 느낌이다.

민주통합당은 출자총액 제한제도 부활, 일감 몰아주기 제한, 상속 증여세 처벌 강화 및 1% 부자 증세 등을 내세웠고 새누리당은 일감 몰아주기 근절, 중소기업 사업영역 진출방지 강화, 대기업의 단가 후려치기 관련 징벌적 손해배상, 집단소송제 도입, 대기업 사주의 범죄 엄정처벌 등을 발표했다. 언뜻 보면 재벌개혁에 대한 다양한 논의가 활성화되며 경제민주화의 틀이 갖춰지고 있는 것 같지만, 이 모든 개혁이 그렇게 호락호락 진행되지는 않을 것이다. 재벌개혁은 시간이 지남에 따라 항상 용두사미가 되는 것이 우리 전통이다.

과거 IMF가 왔던 DJ 시절은 한국 역사상 최고의 재벌개혁 호기였다. 이때는 정부의 방침에 의해 하루아침에 재벌이 해체되기도 했고 재벌사의 기관산업이 타 기관에 넘어가기도 했다.(역으로 공공기업이 재벌에 도리어 넘어가기도 했지만…) 그러나 이때도 역시 핵심과 실세들이 신속하게 재벌들에 포획되면서 결국 기업 나누어 먹기로 끝났다.

특권과 부패를 없애겠다며 집권한 참여정부는 인수위 시절부터 한국 최고 재벌의 로비에서 자유롭지 못했다. 대선과정에서 이미 재벌의 정책과 기획에 의존했고 인수위 시절에는 재벌의 경제연구소에서 통치 플랜을 직접 제공해주기까지 했다. 이후 애초의 기대되었던 많은 경제민주화 조항들이 흐물흐물 해져간 것은 정해진 순서였을 뿐이었다.

이후 기업도시, 혁신도시, 지방분권화의 기치 아래 전국 지방도시까지 부동산 개발 붐이 불었고 토지, 농지, 임야까지 급등하게 되었다. 이때 부동산 투기 붐의 최대 수혜자는 말할 것도 없이 재벌들이다. 엄청난 돈이 재벌로 흘러들어 갔고 자산규모는 커졌다. IMF 이후 급격히 늘어난 비정규직은 대세가 되어갔고 자산을 가진 층과 갖지 못한 계층 사이에 넘을 수 없는 벽이 생겨나기 시작했다.

그러면서 한미 FTA가 추진되었는데, 그 당시 통상교섭 본부장을 하던 인물이 이후 어디로 갔는지 살펴보면 감이 올 것이다. 국민의 동의를 받지 못한 한미 FTA를 대기업의 이익만을 위해 재벌에 관대하고 경제에 무지한 실세들을 현혹해 추진한 관료는 지금 연봉 수십억 원을 받고 있다.

한국사회에서도 재벌권력이 정치권력을 돈으로 지배하는 시대가 대두한 것이다. 정치뿐 아니라 언론, 법조, 관료 등 사회 각계 전 지도층이 모두 재벌들의 손아귀 아래 들어갔고 이들 앞에서는 법과 제도, 관습 모두가 무력해졌다. 2007년 김용철의 폭로는 이런 유착 커넥션의 극히 일부분을 우리에게 보여준 것뿐이다. 이러던 재벌이 드디어 MB 정권에 와서 제 세상을 만났고 고환율, 감세, 규제 완화 등 온갖 혜택을 누리고 있다.

'저기가 고지다. 허리띠 졸라매고 조금만 참아라.' 했을 때 어느 정도까지는 참을 수 있지만, 사람의 인내는 그 한계가 분명하다. 한계를 넘은 '성장 우선, 수출 우선, 파이 키우기, 낙수 효과' 등의 구호들은 2008년 금융위기를 거치며 이제는 누구도 믿지 않는 명백한 거짓이 되었다. 자본주의 천국 미국에서 벌어지고 있는 '탐욕한 1%에 대한 99%의 저항'과 '월가 및 정치를 점령하라'는 목소리가 예사로워 보이는가?

연간 매출 165조 원으로 GNP 총액 15% 수준인 국내 1위 대기업의 고용이 20만 명도되지 않는 상황에서 재벌의 이익과 국민 행복지수가 직결된다는 말을 어떻게 믿을 수 있겠는가? 허울 좋은 '1인당 GNP 2만 불' 속에 들어있는 서민의 몫은 과연 얼마인가? IMF 이후 지난 15년간 이 땅의 소시민은 날로 피폐하게 되어 이제는 결혼, 집, 직장, 노후생활 등이 사치가 되어버렸는데 이에 아랑곳하지 않고 탐욕의 문어발을 사회 전방위로 뻗쳐 골목가게까지 먹어 치운 재벌들은 무엇을 희생했는가?

이런 상황에서 혁명이나 민중 봉기와 같은 파국을 맞지 않기 위해선 재벌로 기울어지지 않는 '힘의 균형'을 이룩하는 것이 무엇보다 중요하다. 재벌의 이익 수호자 역할을 자임해온 정치권력은 민심의 향배를 바로 읽어 국민과 재벌 사이에 균형을 회복하려 노력해야 한다.

한 국가를 움직이는 지배 이데올로기는 소수 기득권층에 의해 만들어 지지만 총선과 대선은 머리 숫자로 하는 게임이다. 선거란 재벌과 서민, 중산층 중 누가 머릿수가 많은가이고 여기서 정치는 어디를 택할 것인가를 판단하는 간단한 논리이다. 사람이 경제적인 위기에 처했을 때 처음엔 소극적이더라도 한계를 넘게 되면 분노를 표출하게 된다. 그리고 지금이 바로 그 순간이다. 모두 같이 죽을 것이냐 같이 살 것이냐는 재벌 개혁에 달려있다.

부패공화국이 유지되는 이유는 '간접세' 때문?

세금 구조의 비밀 - 간접세

한국사회에 최고권력과 말단 공무원, 민간기업, 공기업 할 것 없이 부패가 생활화되어 있음에도 국민들이 부패문제에 대해 둔감한 것은 '세금구조'의 문제와 긴밀히 연결되어 있다.

교회 등 종교기관에서 신도가 낸 헌금을 장로나 목사 등 극소수가 용도를 일방적으로 내정한 채 '당회' 등을 통해 형식적으로 승인을 받아 지출하다가 문제가 생기는 일이 자주 일어난다. 이런 일이 일어나는 이유는 다수에게서 거둔 헌금을 소수가 제 맘대로 지출하는 일종의 '대리인의 문제'(agency problem) 때문이다.

국가도 마찬가지로 국민 모두가 낸 세금을 정치인, 관료, 특권층 등 소수가 제 맘대로 지출할 경우 조세저항이나 국민의 거센 항의에 부딪힌다. 한국 사회에서 상기한 수많은 부패 또한 국민 세금을 제멋대로 쓰고 횡령, 탈세, 뇌물 등으로 전횡하기 때문이다. 나는 우리나라 GNP 30%는 지하경제고 국가 예산 30%는 다른 주머니로 새고 있다고 확신하는 사람이다.

먹이사슬끼리 계속 해먹기 위해서는 끊임없이 파헤치고, 짓고 또 인허가 보안을 강조해야 한다. 노후가 안정적으로 보장된 살만한 인간들이 빈곤, 사회보호 계층에 돌아가야 할 국가 예산과 세금을 빨아먹고 있는 '흡혈구조'가 지속되고 있는 것이다. 그럼 이런 파렴치한 '세금 흡혈귀'들에 대해 국민이 폭동을 일으키지 않는 이유는 무엇인가? 그 해답은 간접세가 지나치게 높은 한국의 세금 구조에 있다. '내가 낸 세금은 별로 안 되는데, 해 먹든지 말든지 알게 뭐냐'는 식은 전형적인 후진국 사고다.

우리나라의 간접세 비중은 2010년 53.1%로 91조 2,797억 원이며 직접세(80조 6,200억 원)보다 훨씬 많다. 이런 높은 간접세의 비중은 OECD 중 1위이며 전 세계 최고 수준이다. 간접세가 10% 대인 미국, 일본, 대만보다 훨씬 높고 대표적 간접세 국가인 독일, 프랑스 등도 30% 미만이다.

지난 10년간 간접세의 비중이 계속 증가하고 있다. 간접세는 세금을 내는 사람과 이를 실제 부담하는 사람이 다른 세금을 뜻한다. 우리가 식당에 가서 밥을 사 먹으면 그 속에는 가격의 10%인 부가세가 포함되어 있고 이를 주인이 세무서에 추후 납부하는 것이다. 따라서 세금을 내는 사람이 세금인 줄 제대로 인지하지 못하는 것이다. 이 점을 부패정권은 악용한다.

이런 세금에는 부가세, 개별소비세, 교통세, 주세, 증권거래세, 인지세, 관세 등이 해당된다. 이런 세금은 '소득'이 아닌 '소비'에 비례해서 과세가 되기에 저소득층의 세금부담이 커지는 '역진성'이 직접세보다 훨씬 크다.

MB 정권 들어 48.3%(2007년)이던 간접세가 53.1%(2010년)로 늘어났다. 재벌과 부자는 100조나 감세시키는 대신 저소득층에 일방적으로 그만큼의 간접세를 전가해 온 것이다. 정치인은 부자 감세의 문제점만 말하지 간접세 폭증은 잘 언급하지 않는다.

'유리지갑'이라 일컫는 샐러리맨 등 봉급생활자는 갑근세 등 소득세(직접세)만 세금이라 생각하지 외식비, 휘발윳값, 가전제품, 마트 생필품 구매, 의류, 담배, 술 등에서 지출하는 간접세를 세금이라고 제대로 의식하지 못한다. 이를 고려하면 대부분 중산층 가구는 직접세 포함 가구당 월 최소 백만 원 이상 세금을 내는 것이다.

원래 간접세는 아프리카 등 주로 후진국, 독재국가에서 국민에게 매기는 세금이다. 이들 국가에서는 간접세가 압도적이다. 반면 미국은 간접세와 직접세의 비율이 1대 9로 간접세가 10% 안팎이다. 미국의 경우 2006년 기준 종합소득 상위 10%가 전체 종합소득세의 82%를 부담하고 법인소득 상위 10%가 전체 법인소득세의 94%를 부담하고 있다. 종합소득 하위 40%, 법인소득 하위 60%는 아예 세금을 내지 않고 있다. 금융위기 이후 이 추세는 버핏세 논란을 거치며 더욱 강화되고 있다. 직접세 위주의 세금구조가 미국 등 선진국에서는 보편적인 것이다.

우리나라 저소득층은 세계 최고 수준의 간접세를 내고 있는 것이다. 이렇게 부가세 등 간접세의 비중이 높은 나라의 국민들은 부패, 횡령, 탈세, 뇌물, 재정 전횡 등에 둔감해질 수밖에 없다. 아프리카를 봐라. 권력이 부패 하다고 폭동이 좀처럼 일어나는지… 자기들이 얼마나 많은 세금을 내는지도 모르고 있는 것이다. 그러니 국민에 돌아갈 공공재 지출 예산을 다 빼먹는 것이다.

지난 2008년 금융위기 이후 고환율 등으로 수출 대기업이 수백조 원의 이익을 본 이면에는 부자 감세의 구멍을 메꾸기 위해 늘어가는 간접세를 부담해 온 서민들의 희생이 있었다. 조세 저항을 막기 위해 슬금슬금 간접세를 조용히 늘려온 것이다. 세금 구조를 일부러 어렵고 복잡하게 만들어 놓아 소자영업자도 많은 비용을 주고 세무사를 통해 정산을 받도록 하고 있어 '조세협력비용'조차 만만치 않다.

저들이 훔쳐먹고 빼먹는 것은 결국 내 돈이다

미국 우파진영에서는 이 때문에 '획일세' 주장이 득세해 가고 있다. '세금을 수십 가지로 간접세, 직접세 하지 말고 간단명료하게 단순하게 해라. 국가는 세금 도둑이니 믿을 수 없다'는 논리이다. 작은 정부, 적은 세금을 주장하는 미국의 우파가 국민 상당수 지지를 받는 이유 또한 '국가라는 공권력이 만든 세금 착취의 거대한 부패 메커니즘'을 믿을 수 없다는 논리가 그 이면에 깔려있기 때문이다.

이것은 뿌리가 깊은 미국 탄생의 역사이기도 하다. '어차피 국가는 투명하지 못하고 여·야당 정치인 모두 믿을 수 없으니 복지국가 운운 말고 되도록 최소화해서 운영해라. 우리는 우리가 알아서 각자 살아가겠다'는 주장인 것이다. 과거 부패한 봉건왕권과 귀족층의 착취와 탄압을 피해 유럽에서 미국으로 탈출해 온 신교도의 이면에는 이런 배경이 깔렸었던 것이다.

'저들이 훔쳐먹고 빼먹는 것이 결국은 내 돈이다'는 인식을 해야 한다. 내가 고작 일이십 만 원의 세금만을 내는 것이 아니라 일상생활 속에 내는 간접세를 포함하면 엄청난 세금을 내고 있음을 알아야 한다.

국민의 손으로 선출한 정치인들이 '중산층, 서민'이 아니라 '극소수 부유층'을 위해, 이들을 '더 부자'로 만들어 주기 위해 만든 것이 '꼼수 세금제도'이다. 간접세는 그 꼼수 중의 최고 꼼수이다.

저축은행 손실을 메꾼 15조 6,000억도 결국 내가 낸 세금에서 나갔고, 한수원 직원이 받은 수억 대의 뇌물도 내가 낸 전기요금과 세금에서 나가는 것이다. 또 재벌과 성형외과 의사가 안내거나 탈세한 세금을 메꾸는 것도 결국 내 돈에서 나가는 것이다. 탈세, 부패 구조 속의 세금 도둑들이 해먹는 돈은 세계 최고의 간접세 등으로 내가 부지불식 하에 낸 세금에서 메꾸어 짐을 인식해야 한다.

'세금은 간접적'으로 내더라도 '분노는 직접적'으로 표해야 나라가 산다. 모든 혁명의 역사는 세금의 역사다. 영국의 마그나 카르타, 러시아와 프랑스의 대혁명, 미국의 독립전쟁 등 세계사적 혁명은 세금과 예산의 부패한 전용과 긴밀히 관련되어 있다.

부당한 세금과 예산 부패는 폭동을 혁명으로 발전시킨다. 지금 한국사회에서 벌어지는 세제 부패는 혁명적 불씨를 키워가고 있는 것이다. 점심 먹고 커피 한 잔을 마셔도 세금 500원을 내고 있음을 잊어서는 안 된다.

反 복지 세력 실체는 '강남 탈세동맹'

반복지 세력의 실체

보수우파를 가장한 강남 자산가 계층, 자칭 여론지도층이라는 전문직, 대형교회목사, 보수언론, 재벌 등이 복지정책을 반대하는 이유는 국가 경제의 성장둔화, 재정적자, 국가부채나 부도 때문이 아니다. 사실은 복지 강화 논쟁에서 필연적으로 비롯될 수밖에 없는 '재원 논쟁'을 우려하기 때문이다.

복지정책을 현재 수준보다 더 보편적인 형태로 강화할 수밖에 없는 것이 한국이 처한 현실이라면, 과거와 같이 先 성장 뒤 파이를 키워 後 분배하는 것이 더는 불가능하다면, 그리고 설사 성장을 해도 분배가 제대로 되지 않은 것이 사실이라면, 남은 방법은 복지정책 강화를 위한 재원을 추가로 확보하는 길밖에 없다.

2009년 한국의 국가재정 총지출은 GDP 33.8%로 OECD 평균 44.8%에 비해 11% 약 110조 원이 절대적으로 적다. 또 2010년 OECD 34개국 중 조세부담률 19.4%로 31위, 사회분담금은 꼴찌이다. 복지비 지출수준은 32위로 모두 바닥을 헤매고 있다. 재정 건전성의 주요 문제는 지출이 아닌 조세 수준에 있는 것이다. 이를 보면 현재 MB와 친이 세력이 주장하는 복지 망국론의 실체는 사실 탈세망국론을 감추려는 방편이다.

2006년 한해만 집값 상승에 따른 불로소득규모가 238조였다. 1998년에서 2007년까지 발생한 토지 불로소득 규모가 총 2,002조 원이었던 반면 이를 조세 및 부담금을 통해 환수한 규모는 116조 원으로 환수비율이 5.8%에 불과하다. 이것은 청문회 등에서 장관 후보들이 다운계약서 등을 작성한 이유에서도 잘 알 수 있다. 주식 비과세 제도도 재벌일가의 불법 양도, 증여, 상속, 탈세의 합법적 통로가 되고 있다. 또 상속세, 증여세가 있지만 대부분이 빠져나가 실제 있으나 마나 한 제도가 되어 버렸다. 삼성의 상속이 이를 증명하지 않는가?

이 와중에 MB는 부자 감세를 정책으로 들고 나와 대기업 감세를 통해 70조 원에 가까운 세금을 집권기간 동안 사라지게 했다. 자신이 가진 자 편에 서서 대규모 감세로 세수를 줄여놓고 복지 정책이 국가 부도의 원인이며 글로벌 재정위기의 원인이라고 후안무치한 발언을 하고 있다.

80년대 초 레이건에서 부시를 거쳐 현 오바마까지 논쟁이 되고 있는 미국의 감세정책은 감세를 통해 소비와 투자를 증진하자는 '공급

주의 경제학'에 근원을 두고 있다. 그러나 줄어든 세금이 소비나 투자보다도 각종 금융부동산 투기로 몰려들었고 그 결과 양극화를 심화시켜 미국 저소득층의 부동산 대출과 투기성향까지 자극했다. 그 결과가 서브프라임 파동과 미국의 금융위기이다.

미 의회조차도 최근 대규모 감세가 경기부양에 부적합하다고 결론을 내렸다. 얼마 전 미국의 국가부도(디폴트) 위기를 불러일으킨 주범도 'Tea Party'라는 공화당 내의 감세와 재정 긴축, 복지축소를 주장하는 극우 신자유주의적 정파였다. 이들의 장난에 미국의회의 양당협상이 중지되어 국가부도위기가 거론되고 국가 신용등급이 하락했다.

미국의 워런 버핏, 프랑스와 독일의 부호 등 외국의 부자들도 '국가의 공공부채 등 재정문제를 해결하는 방법은 가난한 사람에게 불공평하게 타격을 주는 정부 지출 삭감이 아니라 부유한 사람에게 세금을 더 부과하는 증세정책이고 부자들로부터 돈이 나온다'고 말했다. 이탈리아, 스페인 등에서도 부자 스스로가 누진소득세 내지 고소득층에 추가 세금을 부과하는 부유세를 거둘 것을 주장하고 있다.

한국의 강남 졸부, MB 정권, 강남목사들이여 창피하지 않은가?

더욱 가관은 세금 한 푼 제대로 내지 않는 목사들이 최근 반복지 세력에 앞장서고 극우정당 창당까지 주도하고 있다는 것이다. 이들이 이러는 이유는 수백 억대의 막대한 헌금재정을 마음대로 주무르고 탈세, 전횡하는 현 시스템이 복지재원 미련을 위한 조세정의로 무너질까 우려하기 때문이다.

무상급식 논쟁, 복지포퓰리즘 논쟁을 주도하고 있는 세력의 실체는 탈세를 넘어 감세까지 누리는 썩은 강남 수구 기득권, '탈세동맹'인 것이다.

눈치 보는 한심한 민주당

지난해 민주당은 '3+1' 정책을 포함한 취약계층 지원 등의 복지 정책에 33조를 더 투입한다는 입장을 발표했다. 물론 반가운 일이다. 그러나 정말 한심한 것은 그 재원을 만드는 방법으로 낭비적 지출삭감, 예산 조정 및 개혁과 함께 현행 19.4%인 조세부담률을 21.5%로 늘린다는 내용이다. 이것은 국민을 속이는 것이며 진정한 복지 정책으로 가는 올바른 길이 아니다. 민주당은 부유세까지는 아니더라도, 공공연히 자행되고 있는 불로소득 탈세와 지하경제 등에 '소득이 있는 곳에 과세가 있다'는 조세정의를 당당히 말했어야 한다. 최소한 OECD 평균수준인 26.7%까지 조세 부담률을 높여야 한다고 주장했어야 한다.

유리지갑인 셀러리맨, 소자영업자, 비정규직, 알바 등은 모두 세금이 원천 징수되어 더 낼 능력도, 탈세할 방법도 없다. 8월 한 달만 6조가 증가하는 등 가계부채가 1,000조를 향해가고 중산층이 붕괴되어 가는 현실에서 복지재원은 당연히 밥 먹듯이 탈세하는 상류 부유층들에게서 나와야 한다.

부자 재벌 감세는 즉시 중단되어야 하고, '탈세동맹'의 저항에 대해 특단의 조치로써 맞서야 한다. 이 계층 저 계층 눈치 보며 헤매는 민주당이 정말 한심하다. 이토록 후안무치하고 무능력한 MB의 실정에도 민주당이 헤매고 있는 이유를 그들만 아직도 모르고 있는 것 같다. 정의와 평등, 복지는 공평한 세금에서 나온다.

클린턴식으로 말하면 '바보야! 문제는 세금이야.'라고 충고하고 싶다.

경제민주화 논쟁

정치경제학

지난 새누리당 당내경선 과정에서 박근혜 경선 캠프 내의 김종인과 이한구 두 정세진문가 간에 경제민주화 논쟁이 벌어졌다.

대체로 한국의 정통 경제학과 출신의 학자들은 '경제민주화'의 목적 가운데 하나는 자유시장경제의 원칙을 지키는 것이고 대기업 경제활동의 자유를 보장하면서 공정경쟁과 책임을 강조해야 한다고 했다. 또 이들은 이 용어가 사회정치학자들이 쓰는 용어이지 경제학 주류인 영미 경제학자들은 사용하지도 않는 용어라고 했다. 즉 '경제민주화'를 사회적 시장경제(social market)를 추진하는 사민주의에서나 어울리는 용어로 치부한 것이다.

하지만 실상 경제학은 원래 '정치경제학'이라 불리었으며 '정치'라는 말이 떨어져 나간 지는 100년 남짓밖에 되지 않는다. 원래 애덤 스미스와 고전파 경제학자들은 오늘날 '경제학'이라는 의미로 '정치경제학'이라는 용어를 사용했다. 애덤 스미스는 정치경제학이라는 말은 국민과 국가 모두를 부유하게 하는 것을 목적으로 한 것이기 때문에 이런 표현을 사용했다. 1920년대 초반까지 '정치 경제학'이 '경제학'이라는 용어를 사실상 대신해왔다. 애초 고전파 시대에서는 국가의 부를 증진시키는 중상주의가 국가주도 경제학이었기 때문이다.

앨프레드 마셜과 그의 제자 케인스 등이 비로소 신고전파(케임브리지학파)를 창립함으로써 경제학이 정치라는 말을 빼고 자유시장, 효용 등을 취급하는 독립적인 순수학문처럼 둔갑했다. 오늘날 MBA로 상징되는 최고인기의 경영학 또한 수십 년 전에는 독자적 학문으로 인정받지 못한 채 경제학의 일부분에 머물고 있었다.

이처럼 '경제학'이라는 용어는 고정되어 있는 어휘가 아니라 시대에 따라 탄력적으로 적용된다. 오늘날처럼 신자유주의 화폐금융론, 합리적 기대가설 등 자유방임 경제학이 대형 사고를 치고 세계적 대공황을 낳은 상황에서는 '경제학'이라는 용어는 '국가경제학'이라는 용어로 재정의되어야 할 시점이다. 미국에 유학을 가고 재벌회사, 경제연구소장으로 일하고 '경제학 = 시장 자유주의, 효율 극대화, 합리적 기대'라고 배운 사람의 머리에서는 경제학의 정의가 잘못 세팅될 수밖에 없다.

누구를 위한 경제민주화 논쟁인가

드라마 '추적자'가 화제가 된 적이 있었다. 딸을 억울하게 잃은 형사가 부패한 재벌과 대선후보의 커넥션을 밝히기 위해 싸우는 내용이다. 사실은 재벌과 정치인의 부패를 까발리는 사회고발 드라마이다.

내용 중에 서 회장이라 불리는 억센 경상도 사투리를 쓰는 회장님이 등장한다. 그는 극 중에서 일제 해방 후 적산 가옥을 불하받아 사업을 시작해 오늘날 성장의 밑거름이 되었다고 말한다. 적산가옥 매각 과정에서 엄동설한에 갓난아이를 안고 있는 모자와 빈민, 노약자를 내쫓아 얼어 죽게 만들었다고 고백한다. 드라마에서 그는 상속과 사업확장을 위해 온갖 편법, 탈법을 일상적으로 저지른다. 그리고 그는 정치인을 조종해 탈당, 창당시키고 대법관의 옷을 벗겨 변호를 시키고 검찰 총수와 수사기관, 언론 등을 제 맘대로 주무른다. 찢어지게 어려운 가정에서 성장한 대선후보 강동윤은 서 회장의 사위가 되어 3선 정치인이 되고 대선에 도전하여 정치권력과 자본권력 간의 긴장을 내내 조성해간다.

이 드라마가 화제가 된 이유는 우리가 드라마 속 서 회장과 정치인, 검찰, 언론의 관계를 일상 속에서 수도 없이 목격하고 있기 때문이다. 아직 이 드라마에 대해 어느 쪽에서도 항의가 들어왔다는 말은 없다.

서 회장이 자신의 왕국을 확장하고 이를 물려주기 위해 정계, 법조계, 재계, 언론계를 전화 한 통으로 주무르고 이에 빌붙어 또 다른 권력과 재력을 갖고자 대선에 도전하는 강동윤의 이야기는 바로 21세기 한국사회의 축소판이다.

　미국도 월가 금융개혁 법안이라 할 수 있는 '프랭크–도드' 방안이 의회에서 통과되었지만 이번 대선에서 각기 10억 불 이상의 정치자금을 이들에서 거둔 오바마와 롬니는 둘 다 근본적 금융개혁을 거론할 자격이 없다. 대통령으로 당선된 오바마는 흉내만 내다 끝낼 것이다. 최근 유럽의 재정위기와 금융위기 또한 금융자본의 방만한 투기와 무리한 대출에 대한 국가의 규제와 감독의 실패 때문이다. 나아가 중국과 일본 등 아시아의 강대국은 독점자본과 국가자본이 서로 섞여 잘 구분도 되지 않고 있다.

　이런 상황에서 새누리당은 총선 이후 12개 민생법안을 통과시켰지만, 비정규직 차별금지 등의 개혁법안이 재벌과 수구 기득권층의 반대를 뚫고 정말 실현될 수 있을지 많은 사람들이 회의적 시선으로 지켜보고 있다. 새누리당이 총선 승리 이후 부동산 정책에서 다주택자 양도소득세 감면 등 기존에 MB가 수없이 답습해오던 부동산 경기 부양정책을 그대로 실천하고 있기 때문이다. 나아가 지하철 9호선 민자사업자의 무리한 요금인상, 4대강 사업 등 경제민주화에 역행하는 기초적 사례에 대해서도 위기만 지나면 항상 침묵하는 성향이 근본적으로 내재되어 있기 때문이다. 민주당 또한 집권 시 부동산투기 방치, 재벌과의 유착, 소외계층의 양극화심화 등 경제민주화에 정면으로 역행한 전력이 있다.

　진짜 위험한 정치인은 아예 드러내 놓고 TV에 나와 재벌을 옹호하는 사람이 아니라, '재벌행태를 잘 안다며 이를 바로잡겠다는 식'으로 말하면서 뒤로는 호박씨를 까며 재벌 옹호와 대리인 역할을 수행하는 사람이다. 숨은 도둑이 드러난 도둑보다 더 위험한 것은 자명한 이치 아닌가?

정치권은 그동안 서민에게 부동산 투기 동참을 꼬드기며 고리대출을 해주고 그 이익을 재벌 건설사에 이전시켜 주는데 동참해왔고 다주택 보유자 양도세 감면, 분양가 상한제 철폐를 외치고 있다. 자유주의 시장에서 '모든 투기의 실패'는 '개인 선택의 실패'라고 책임을 개인에게 돌리고 있다. 임기 내 주식이 몇 배 뛴다고 주식 사라고 바람 잡은 사람은 또한 누구인가? 주식 해서 재산 늘어난 사람은 모두 누구인가? 금융투기, 부동산 투기 등 국가의 방조, 부추김 속에 자행된 모든 불로소득은 근본적으로 서민, 중산층에서 강남 부자, 재벌로의 자산이전이나 마찬가지다. 이 현상의 본질은 없는 놈을 쥐어짜고 환상에 노출시켜 빼앗아 가고는 그것조차 개인의 선택과 시장의 자유라고 말하는 악랄함에 있다.

미국의 경제학은 더불어 사는 경제를 가르치는 경제학이 아니라 '승자독식의 탐욕 경제학'이다. 단언컨대 힘 있는 자와 재벌들을 위한 경제학 시대는 수년 안에 종말을 고할 것이며 이것은 세계적인 조류가 될 것이다. 드라마 '추적자'에 나오는 스토리는 여전히 현재 진행형이다.

'부자만' 정치해 '더 큰 부자' 만드는 1%의 나라

부자에 의한 부자를 위한 부자의 정치

2011년 공개된 한국 국회의원의 재산공개 결과를 보면 한나라당 의원의 평균 재산은 정몽준 의원을 제외하고도 48억 7,500만 원이며 전체 여·야 의원들의 평균 재산은 36억 4,200만 원이었다. 이들 중 평균 재산 증가액이 한나라당은(정몽준. 김호연 제외) 1억 6,847만 원이었고 민주당은 1억 3,000만 원이었다. 그리고 토지 건물 합쳐 20억 원 이상의 부동산을 보유한 의원이 모두 82명으로 부동산 투자 고수급들이다.

결국 한국 정치인의 재산 또한 정도의 차이는 있지만, 여야를 막론하고 미국이나 여타 국가의 정치인보다 더 부유하면 부유했지 덜하지 않다는 결론이다. 한국의 국회의원은 부잣집에 태어나 상속, 증여받은 돈이 많거나 고시, 결혼 등으로 신분이 벼락 상승한 인물들만이 할 수 있는 직업으로 보인다.

또 국회의원 75%에 해당하는 219명의 재산이 늘어났고 절반에 해당하는 47%가 1억 이상 재산이 늘어났다고 한다. 그리고 강남 3구에 부동산을 보유한 국회의원이 93명으로 전체의 31%에 해당하며 지역구 국회의원 94명이 서울에 5억 원 이상의 부동산을 보유하고 있다.

여기서 눈여겨봐야 할 것은 부자가 국회의원을 하게 되면 돈에 신경 쓰지 않고 국민을 위해 봉사할 것이라는 기대는 어림없는 착각이라는 점이다. 그 바쁘고 돈 쓸 일 많은 국회의원을 하면서 어떻게 재산이 늘어날 수 있는지, 어떻게 재테크가 가능한지 이해가 가지 않는다. 15년 전 3억 원도 안 되는 재산으로 국회에 진출한 한 의원은 정치만 했는데도 30억 원으로 10배나 재산이 불어난 예도 있다. 결국 정치활동과 반복되는 선거가 재산 증식의 수단이 되고 있다는 것 외에 이를 설명할 방법이 없다.

부자이거나 부자를 꿈꾸는 욕망이 가득한 사람이 국회에 들어와 '자신도 부자가 되고 또 부자만을 위한 정치를 하는 것'이 미국과 유사한 한국 정치의 적나라한 현실이다.

이런 현상은 과거 '직업 정치인' 시대에서 변호사, 법조인, 언론인, 기업인, 고위공무원 출신 전문직업인, 자산가들의 정치참여 시대로 옮겨오면서 더욱 심해지고 있으며, 미국에서도 매우 유사하게 이러한 현상이 일어나고 있다. 자본주의 발달에 따라 자본이 고도로 소수에게 집중되면서, 정치권 또한 소수 집중된 자본을 소유했거나 이와 유착된 이들만이 진입할 수 있게 된 것이다.

태어난 신분, 학벌, 대외 과시용 직업, 인적 네트워크를 이룬 이들이 끼리끼리 연줄로 정치권에 진입하고 그 외의 서민, 중산층 출신의 정치진입은 보이지 않는 장벽에 의해 제한되고 있는 것이 현실이다.

쇄신, 개혁과 친서민, 복지를 부르짖는 의원 또한 수십, 수백억 대 타고난 자산가이고 기성정치를 비난하고 새정치를 말하며 상식 비상식을 거론하는 장외의 제3세력도 수천, 수백 억대의 자산가인 것이 오늘날 '자본주의 천국' 한국의 현실이다. 아니라고? 2002년 정몽준, 2007년 문국현, 2012년 안철수 등 기성정치를 엎어야 한다고 대선에 나온 제3세력 중 엄청난 자산가가 아닌 사람이 어디 있는가? 이들이 '새정치'를 말하는 것은 그것 자체가 근본적 위선이 될 수도 있다는 것을 알아야 한다.

분노는 정확한 목표를 향해 폭발해야

2012년 세계 화두는 '시위자'였다. 이는 '월가를 점령하라'의 시위대와 중동의 독재자를 몰아낸 '재스민 혁명'의 시위대를 말하는 것이다.

이들이 시위한 이유는 전 세계 모든 나라에서 자본이 소수에 집중되고 각종 투기를 불러일으켜 중산층과 서민의 복지와 소득, 일자리, 세금을 갉아먹고 있다는 점 때문이다.

이들 대형자본 투기세력은 정치와 긴밀히 유착, 결탁하여 각종 부패구조와 특혜를 만들어 '사회적 합의'인 '공동체적 삶'을 파괴하고 있다. 또 이들은 위험하고 무분별한 투기시스템과 금융상품을 만들어 폭리를 취한 뒤 위기가 닥치면 정치인을 끌어들여 구제금융, 공적 자금으로 자신의 손실을 떠넘기고 자신들은 위기 속에서도 빚잔치가 아닌 돈 잔치를 하는 탐욕의 극치를 보여왔다.

오늘날 '2040'의 분노와 반란 또한 결국 이 '시위자'의 또 다른 한국적 변형이다. 하지만 문제는 이런 분노가 '부자만이 정치인이 되고 부자들을 위한 정책을 만들고 자신을 포함해 부자가 더 큰 부자가 되게 하는' 현행 한국정치제도에 대한 체계적 이해에 기반하지 않고 있다는 점이다.

MB 하나만 실컷 욕하고 조롱하면서 2012년 정권교체만 이루면 '부자 정치'가 종식될 수 있고 모든 분노가 눈 녹듯 사라지겠는가? 부자 MB를 대통령으로 만들면 모두들 다 잘살게 해 줄 것이라고 국민 다수가 착각하지 않았는가? 그리고 이미 야당이 이긴 지난 2번의 대선 경험에서도 그렇지 않다는 것을 잘 알고 있지 않은가? 세상은 기성 정치인을 바꾼다고 변하지 않는다.

현재의 '부자들만의 정치'는 전 세계적인 현상이고 자본주의의 말기적, 퇴행적 패턴으로 흘러가고 있다. 현재 전 세계의 경제위기와 공황은 '부자정치가와 투기 탐욕자본과의 결탁을 해체하는 새로운 시스템'을 만들기 전까지 지속될 수밖에 없다. 결국 중요한 것은 '부자 정치의 네트워크나 연결고리'를 부수는 것이며, 이 과정에서 '어느 날 착한 부자 한 명이 나타나 우리의 삶을 질곡에서 구해줄 것'이라는 순진한 믿음도 버려야 한다는 것이다.

국민 평균 자산보다 정치인의 평균 자산이 15배가량이나 되는 이 불균형을 깨야 하며 '부자가 서민과 중산층을 위한 정책과 제도를 스스로 만들어 줄 것'이라는 허황한 믿음을 버려야 한다. 부자에 의한 부자를 위한 부자의 정치(by the rich, for the rich, of the rich)를 깨는 것이 '2040'의 당면한 현실과제인 것이다.

분노는 정확한 목표를 향하여 폭발시켜야 한다. 여야 모든 정치인들이 스스로 두려워서 사회변화에 나서도록 만들어야 변화는 시작되는 것이다.

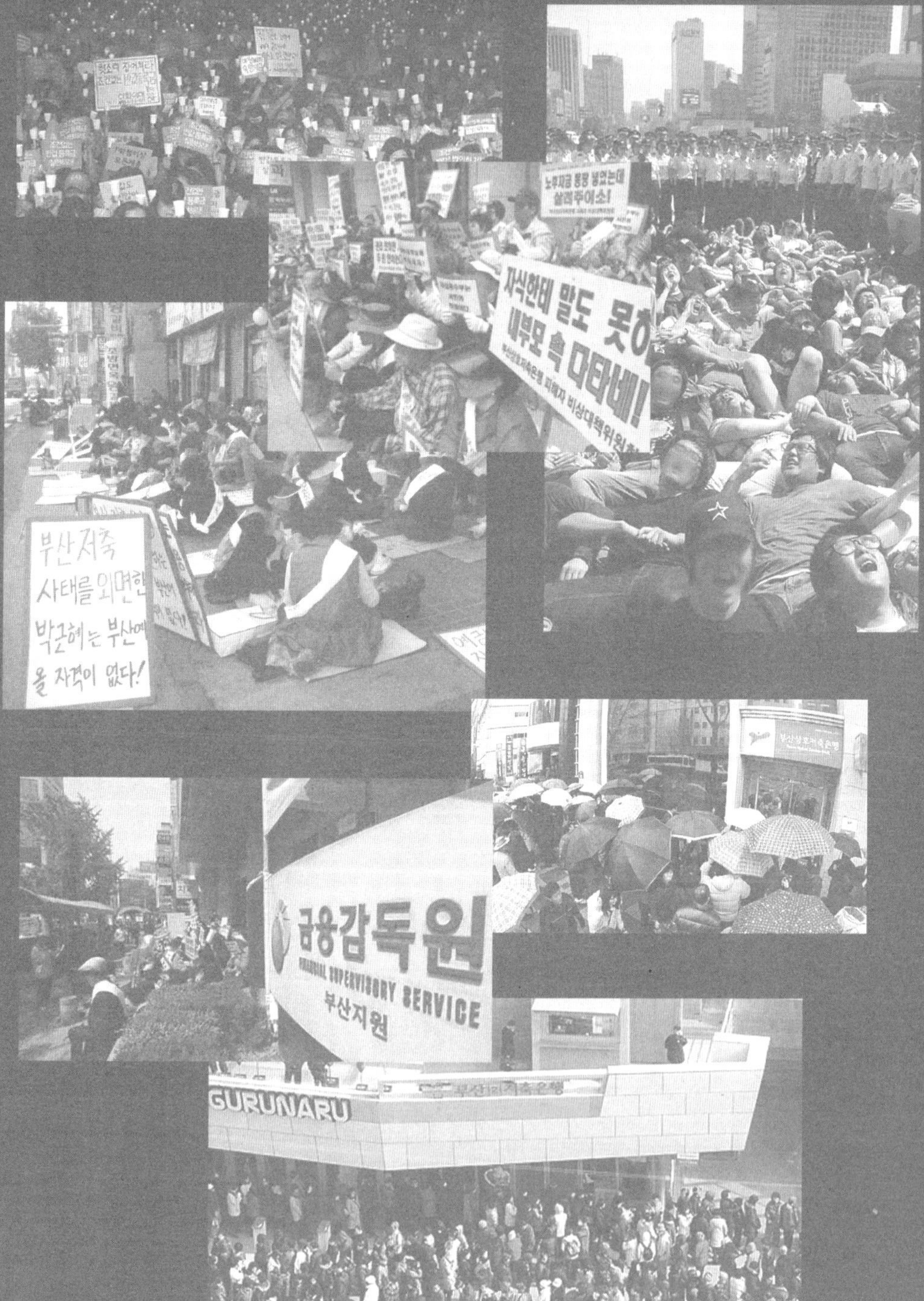

3부
대한민국의 그늘

학교는 교육도 입시지도도 인성함양도 폭행과 따돌림 예방도 자살예방도 할 수 없는 무기력한 시간 때우는 곳이 되어버렸다. 아이들은 이곳에서 권력의 질서, 반칙, 꼼수를 배우며, '더불어 살아가는 공동체'보다 뒤처지는 동료를 괴롭히는 '가학'과 센 놈이 살아남는다는 '냉혹한 약육강식'을 배운다. 지금 SNS에서 판 치는 공격성과 과도한 한국사회의 편 가르기 또한 이러한 교육의 산물이다.

– 최고의 복지, 소득 정책은 대입개혁이다 中에서

저축은행에 공적자금 투입 말고 파산시켜라

돈 먹는 하마 저축은행

　정부는 국민경제 데미지 운운하며 저축은행 사태가 터지면 연쇄적 뱅크런이 발생하고 일반은행과 건설사까지 연쇄적 피해가 우려되어 제3의 경제위기가 온다고 협박한다. 저축은행 사태에 대한 정부의 대책은 예금보험공사(예보)와 자산관리공사(캠코)를 통한 공적자금 투입과 부실, 파산 저축은행의 P and A(부실채권을 뺀 우량 자산, 부채를 인수) 방식의 인수합병뿐이다.

　그래서 지난해 초 여러 반대를 뚫고 초법적인 권한을 동원해 각 금융기관 간 예보기금 킨믹이를 철폐하는 식의 예보 규정까지 고쳐 예보기금에서 15조 원의 구조조정 특별계정을 확보하였다. 현재 6조 5,000억 원을 예금 가지급과 삼화 및 7개 은행 매각비용에 이미 사용했고 이후 9조 원이 더 소요될 예정이라고 한다. 또 캠코를 통한 부실 PF대출 채권의 인수에 8조 4천억 원을 투입하겠다고 한다. 예보기금과 캠코의 구조조정 자금을 합산하면 20조 원이 훌쩍 넘어가는 데도 이를 분리해서 발표하는 정권의 속내가 궁금하다. 총 공적자금 규모를 제대로 아는 사람이 있는지 의문이다.

지난해 있었던 89개 저축은행 PF 부실대출 전수 조사에서 468개 사업장 중 정상은 61곳(9%)뿐이며 나머지 사업장 중 절반이 부실하며 보통이라고 판정된 곳도 실사 후 어떤 결과가 나올지 알 수가 없는 실정이라고 한다. 우선 급한 대로 캠코가 그중 27%가량의 PF대출 부실채권을 인수한다는 것이다. 여기에는 2011년 3월 국회서 동의한 구조조정 기금 3조 5,000억 원이 사용된다.

사실 한국처럼 언론, 전문가 그룹의 비판 기능이 부재한 사회에서 금융처럼 복잡한 내용에 대한 정보를 통제할 경우, 이해당사자인 금융관료, 금융기관 외에는 돌아가는 사정을 제대로 알 방법이 없다.

이러한 비판 분석 기능의 부재와 국민에의 정보차단이 합쳐지면 통치권자와 금융관료, 금융기관 등 3자 담합에 대한 책임소재와 처벌 등이 제대로 확립되지 않아 공적자금이라는 명분하에 투입된 국민의 혈세만 낭비되기 딱 좋은 구조다.

부산 저축은행 사태

부산저축은행의 경우를 예로 들어 보자.

검찰과 MB가 철저한 수사를 했다고 하고 소유주와 주요임원, 일부 유착 관료, 정치인이 구속되었지만 대학 반값 등록금 액수에 해당하는 7조 원 사고를 낸 비리 연결고리는 전혀 밝혀지지 않았다. 아마 오너와 임원들은 감옥에서 성공했다고 서로 낄낄거리면서, 자신들이 가진 마지막 카드를 만지작거리고 있을 것이다. 지은 죄의 십 분의 일도 안되는 수준에서 선방할 수 있다고 생각하며 발 뻗고 잘 것이다. 몇 년 때우다 나오면 빼돌린 엄청난 돈으로 호화생활을 하면 되는 것이다. 결국 그 뒤처리는 국민의 세금으로 해야 한다.

그럼 저축은행 처리 과정에서 나타난 구체적인 비리 커넥션을 몇 가지 확인해 보자.

첫째, 2010년 6월 부산저축은행 PF 부실채권 2,559억 원을 장부가액 74%에 캠코에 떠넘겼다. 과거 캠코의 PF 부실 채권 매입률은 장부가격의 15~30% 수준이며 시장평가는 25%에 불과하니, 여기서 부산저축은행은 1,300억을 번 셈이다. 부산저축은행이 운영했던 PF 사업장(120여 곳 운영)에서 보듯, 이런 종류의 PF대출 채권은 사실상 회수율이 매우 낮다.

둘째, 이로써 부산 저축은행의 5.82%에 불과했던 BIS 비율은 상기한 캠코의 부실채권 매입으로 결산일인 6월 30일 8.31%로 공시되어 우량은행 기준인 8%를 넘게 되었으며 '적기 시정조치나 영업정지 조치'를 면할 수 있었다. 이후 이것을 기회로 예금 빼돌리기 등 마지막 사기행각을 위한 대 정권로비가 진행되었다.

셋째, 감독 기관인 금감원이 조사한 BIS 비율은 모두 가짜였다. 영업 정지된 8개 저축은행의 실제 BIS 비율은 평균 마이너스 50%였으나 캠코 부실채권 인수 등을 업고 평균 5.14%로 적기시정 기준 5%를 넘겼다.(무려 60배 허위 조작) 이 경우 금감원, 캠코가 모두 누군가의 지시를 받고 처리한 것으로 보지 않고는 달리 해석할 방법이 없다.

넷째, 금융계와 정치권에는 이미 2010년 초부터 저축은행 예수금 총액 70여 조 중 절반이 사실상 부실화 되어있다고 알려졌었다. 그러나 G20, 2011년 4·27 재보선까지는 계속 공적 자금을 투입해 끌고 갈 것이라는 내용이 파다하게 유포되고 있었다. 이미 2010년에 저축은행 예보기금이 3조가량 적자가 났고 2011년 설정한 특별계정 적자가 4조 7,000억 원이 넘어 이미 7월에는 7조 7,000억가량의 적자가 발생했다고 한다.

다섯째, 이런 와중에 삼성, 포스텍 재단이 부산저축은행에 1,000억 원을 투자했고, 삼화저축은행은 우리은행 지주회사에 성공적으로 인수되었으며, 이후 주요 오너와 임원은 구명 로비에 돈을 싸들고 쫓아 다녔다. 핵심권력이 아니면 과연 누가 이것을 가능하게 할 수 있었겠는가? 결국 그들 일부는 구속되었지만 커넥션에 입을 다무는 조건으로 처벌도 조율되어 이미 성공한 로비가 된 셈이다.

여섯째, 금융 관련 정부기관의 이해할 수 없는 공범행위이다.

'금융위'는 정책총괄 '금감원'은 금융사고 예방·감시, '예보'는 사후 관리 감독, '캠코'는 부실 금융기관 '파산 후' 자산부채 인수 및 뒤처리가 주 임무다. 그러나 금융위는 저축은행이 2008년 정권 초 이미 부실 상태가 심각했으나 지금까지 미루었고 금감원은 BIS 비율이 편법으로 개선되도록 방조했고, 예보는 지역단위 예보 기금사용을 공동계정으로 고치는 등 뒤처리에 협조했고 파산처리 전문기관인 캠코는 설립목적에 위배되는 불법을 저질렀다. 파산처리 기관에 해당하는 예보와 캠코가 죽기도 전에 나서서 부실저축은행을 연명시킨 것은, 말하자면 장의사가 의료시술 행위에 나선 격이 된 것이다.

우리나라 관료들이 누군가? 눈치와 복지부동의 달인 아니던가? 이들이 윗분의 심기와 의중을 읽지 않았다면 어찌 이런 용감한 비리 커넥션에 관련 금융기관을 모조리 동시에 동참시킬 수 있었단 말인가?

일곱째, 저축은행은 애초 서민 가계대출 명분으로 사채업에서 출발해 상호신용금고, 저축은행 등으로 이름과 지위가 승격되어왔다. 저축은행의 총자산대비 예수금 비중은 88%가 넘으며 총 예수금 중 80%는 한 푼이라도 이자를 더 받으려는 서민의 예금이다.

그러나 12%만이 서민 가계 대출에 쓰이고 85%가 기업대출, 그중 50%가 주택담보대출이다. 즉 80% 서민의 예금으로 사기사업인 PF 대출에 열중하여 20%가 넘는 고리대와 알 수 없는 각종수수료, 뒷돈을 챙겨왔다.(이러니 어찌 부동산, 아파트 사업이 안 망할 수 있겠는가?)

지난 2006년 부동산 투기 붐 전후에는 땅만 점 찍어 놓고 지주 작업만 하면 자기 돈 거의 없이 저축은행의 돈을 브릿지 자금으로 빌려 토지를 매입할수 있었고 나중에 시중은행 PF를 통해 되갚는 일이 기본적 부동산 공식이었다. 저축은행 오너와 임원은 사기사업에 밑돈을 내주고 고리를 뜯어오다 결국 욕심을 내어 부산저축은행처럼 자신들이 직접 부동산 사업에 나서기로 한 것이다.

즉 서민의 고혈을 짠 대가인 저축을 이용, 사기와 고리대금업을 해오고 눈먼 돈이라 생각하고 오너와 임직원이 서로 앞다투어 해 먹은 것이 저축은행 비리의 본질이다. 이런 사기꾼들이 해먹은 돈을 규명하지도 않고 공적자금 투입으로 막아주는 것이 말이 되는가? 그 과정에서 또 얼마나 셀지 의문이다.

공적 자금투입 반대한다

우리는 미국 금융기관 부실사태에서 교훈을 얻어야 한다.

1980년에서 1995년까지 무려 15년이라는 시간을 끌며 미국 금융시스템에 막대한 충격을 주었던 '미국 저축 대부은행 사태'(saving and loans)를 보자. 미국 정부와 금융기관이 신속한 처리를 미루어 오며 부실금융기관을 연명시켜오다 사태가 심각해지자 전면실사와 정보공개, 투명한 자산부채인수, 개혁법안 제정, 신속한 규명과 처벌, 공적자금 투입의 선명한 처리 등을 내걸고 총5,000억 달러를 투입해 겨우 봉합할 수 있었다.

그러나 겨우 13년 뒤인 2008년 미증유의 금융위기를 다시 맞으며 미국과 전 세계가 역사상 3번째(혹자는 2번째)인 대공황의 터널을 지금까지 허덕이며 통과하고 있고, 지금도 터널의 끝은 짐작조차 할 수 없는 상태이다.

지금 신용평가기관과 외국투자 전문가들은 한국의 저축은행 사태와 부동산, 가계부채의 삼각파도가 매우 심각하다고 경고하고 있다.

극복할 정책수단이 부재하며 정부의 본질적 구조조정 등 처리방책이 미비하여 '장기적 투자'를 하지 말도록 권유하고 있다. 그래서 외국인 국내투자의 60% 이상이 단기자금(hot money)인 것이다. 물론 이들은 마지막 털까지 뽑아먹기 위해 겉으로는 한국경제의 외적 수치를 찬양하고 있다.

지금 우리 사회는 반값 등록금, 무상급식 등 최소한의 복지확립을 희망하는 국민의 소리가 드높아지고 있다. 그러나 MB, 재벌, 보수언론, 관료 등은 이를 포퓰리즘으로 비난하며 성장, 개발, 욕망 우선을 아직도 부추기고 있다. 그러면서 저축은행에는 10조가 넘는 공적 자금을 이미 투입했고 앞으로 몇십조가 더 투입될지 모른다.

현 MB 정권은 저축은행 사태에 공적 자금을 투입해 유예시키면서 차기 정권에 이를 떠넘기려 하고 있다. 그와 동시에 앞선 정권의 비리와 실정에 이 모든 사태의 책임을 전가하고 있다.

이젠 아무도 믿을 수 없다. 이런 식으로 더이상 저축은행에 공적자금이 투입되어서는 안 된다. 적어도 먼저 도망간 자들이 다 잡혀 와야 한다. 또 비리 커넥션 진상이 모조리 규명되고 저축은행 오너, 임원의 재산이 추적 압류되고, 부실규모가 솔직하게 다 밝혀져야 한다. 그리고 억울한 선의의 피해자에게 대책이 마련돼야 하고 공적자금 운영, 투입 및 회수방안에 대한 투명한 정보공개와 국민적 합의가 이루어져야만 한다. 그리고 난 후라야 공적자금 투입이 가능할 것이다.(돈이 샜으면 분명히 먹은 사람이 있기 마련이다. 그러나 그것이 밝혀지는 그런 꿈 같은 일은 오지 않을 것이고 그래서 나는 공적자금 추가 책정 대신 차라리 반값등록금과 무료급식 예산을 책정할 것을 주장한다.)

정부는 공적자금을 이미 10조가 넘게 투입하고도 더 투입하지 않으면 심각한 경제위기가 올 수밖에 없다고 한다. 그렇게 되면 추가로 투입된 수십 조로 인한 충격으로 경제위기는 어차피 오기 마련이다. 혈세 수십조 원을 비리 커넥션이 나눠 먹는 나라에서 어찌 경제 붕괴가 오지 않을 수 있겠는가?

차라리 망하고서 조세정의, 공적자금 투입, 부패방지, 복지예산 확충에 대한 선명한 패러다임과 합의를 구축한 뒤 폐허 속에서 다시 출발하는 것이 국가적으로 더 이익일 것이다. 어차피 부도덕하고 무능한 MB 정권은 저축은행, 가계부채, 부동산문제 등 3각 파도와 현재 진행되고 있는 세계적 공황을 뛰어넘지 못할 것이기 때문이다.

그래서 나는 공적 자금투입에 반대한다. 이 반대에 전 국민이 나서야 한다. 공적 자금은 내가 낸 내 돈이기 때문이다.

비리 복마전 입시제도 이면의 계급적 꼼수

입학사정관제도의 허구

수시, 정시, 입학사정관, 내신, 학생부, spec 등으로 복잡하게 이루어진 학교별 3,000가지가 넘는 현행 대입제도는 분명 문제가 있다. 이러한 전형의 복잡함과 특례의 확대 그리고 수시모집 확대 등이 돈과 정보, 시간이 많은 상류층 자제의 대학 입시에 유리하게 작용하고 있다는 점과 각종 대입 비리의 온상이 되고 있음은 말할 것도 없다. 그리고 이러한 비리근절을 위해선 상대적으로 공정하고 투명했던 과거 학력고사 제도로의 복귀가 단기적으론 최싱의 방법이라고 생각한다.

이러한 특례입학제도, 입학 사정관제도를 악용한 부정입학이 감사원에 확인된 것만 895명에 달한 것으로 드러났다. 주소 허위이전으로 인한 농어촌 특례입학 의혹 대상자는 479명(55개 대학)으로 고대 80명

등 SKY 대학과 '인 서울' 명문대학이 거의 다 포함되어 있다. 또 실업계 고교생을 위한 특성화고 특별전형에서 동일계열 진학을 위반하고 의대 등에 진학한 불법전형 대상자가 379명이고, 재외국민 특별전형 허점을 이용한 부정입학도 7명이 적발되었다. 저소득층 특별전형에선 재산이 반영되지 않는 직장 건강보험 소득자료 조작, 위장이혼 등으로 인한 입학자가 어느 정도 되는지 파악조차 불가한 실정이라고 한다. 평범한 중산층 이하 서민이면 어떻게 이런 꼼수에 나설 수 있겠는가? 결국 돈, 시간, 정보가 많은 대다수의 부유층이 저지른 비리임이 틀림없을 것이다.

이보다 더한 것이 올해(2012년) 대입모집에서 4만 1,250명이나 뽑는 '입학사정관제 선발'의 문제이다. 애초 입시 위주 교육을 탈피해 공교육을 바로 세우고 사교육을 잡겠다는 목적으로 도입한 입학사정관 제도는 MB 정부의 대표적 '교육정책 brand'이다. 그런데 감사원 조사로는 이 제도가 내신 1등급 학생을 우선적으로 뽑는데 악용되어 결국 사교육을 받을 기회가 많은 부유층 자녀에 유리하게 작용하고 있다고 한다.

각 대학이 입학사정관 제도의 전형기준을 제대로 공개하지 않아 의혹이 증폭되고 있고 노골적으로 특정 학생에게 학생부 조작과 교장 추천 등의 비리가 이루어지고 있다. 또한 소개서, 추천서 등의 전문가 대필, 입학사정관이 직접 대입컨설팅 등에 참여하여 거액의 수수료를 챙기는 등 온갖 비리의 온상이 되고 있다.

입학사정관 제도는 2008년 10개 대학에서 25명을 선발했으나 2012

년 122개 대학에서 4만 1,250명으로 늘어나 전체 4년제 대학 모집정원의 10.8%를 차지하고 있다. MB 임기 내 적극 밀어붙여 임기 중 162배나 불어난 것이다. 이 제도에 지원된 정부예산만 작년 한 해 351억에 달했다고 한다. MB의 대표적 상징 브랜드인 '특권과 불공정 그리고 의혹과 꼼수'가 대입전형에서도 입학사정관제도라는 형태로 확대되고 있는 것이다.

대입브로커들로 입학사정관을 임명하고 각 대학은 전형기준을 밝히지 않은 채 모집 정원의 10%가 넘는 인원을 꼼수로 뽑는 이러한 제도가 기회균등과 공정이 가장 엄격하게 지켜져야 할 대학입시에서 만연하게 된 것은 무슨 이유인가? 그것은 교육을 통한 자식의 신분과 계급유지 욕망에 사로잡힌 강남으로 상징되는 특권층과 결부된 MB 정권의 태생적 이해관계 때문이다. MB 자신이 압구정동 현대 APT에 거주하며 8학군에서 강남식 자녀교육을 해온 대표적 인물이다. 이러한 제도를 이용한 강남식 자녀교육이 탈법이라고 생각조차 안 할 수도 있다.

농어촌과 저소득 자녀, 실업계 고교에 대한 소수 특례입학을 시혜처럼 베풀고 (이마저도 상류층이 대거 부정입학 통로로 이용했지만) 사교육 완화, 전인교육 등을 핑계로 수시, 정시, 대학별 자율전형, 입학사정관제도 등을 도입해 복마전으로 만들어 그 속에서 공공연히 부정입학을 자행하고 있다.

소수의 암시장에서 다수의 공개 시장으로

MB 정권 들어 심화된 이런 상황은 과거 상류층 자녀에 은밀히 허용되어온 부정 입학에 대한 '암시장 거래비용'이 훨씬 낮아졌음을 의미한다. 과거 위험을 감수한 부정입학 거래에서는 마약 시장에서 그렇듯 적발 시의 손실을 감안해 천문학적 액수가 거래되곤 했다. 그러나 이제는 그럴 필요가 없는 것이 대학별로 10%가 넘는 인원을 그 선발과정도 밝히지 않고 자율적으로 뽑을 수 있게 되었기 때문이다. 따라서 훨씬 선택의 폭이 넓어지고 상대적으로 비용이 줄어들게 되는 효과를 대입 수요자에게 가져다주었다. 대학도 절대적인 숫자가 늘어나 결코 손해 보는 거래가 아닐 것이다. 그야말로 상류특권층 자녀와 대학으로서는 모두가 윈윈하는 달콤한 제도가 아닐 수 없다.

또한 대학 정원의 3분의 2 이상을 수시로 뽑아 수능성적순으로 가는 정시 모집 인원이 1,000명도 채 안 뽑는 대학이 허다하다. 문제는 왜 내 자녀가 수시에 떨어졌는지 설명되지 않는 불공정함에 있다. 중산층과 서민의 자녀는 이제 무조건 대학의 당락 처분에 자녀의 장래를 맡겨야 하는 운명에 처해있다.

세상에서 가장 교육열이 강한 한국에서 기회균등의 상징이 되어야 할 교육분야에서 정권·교육관료·강남 상류층·대학 등이 결탁하여 자행되고 있는 비리 복마전 대입제도는 더이상 용납되어서는 안 된다.

미국식 제도를 모방하고 빈민, 농어촌, 실업계 자녀에게 특혜를 준다는 핑계로 공정성과 투명성을 무너뜨린 현행대입제도는 거대한 비리의 온상이 될 수 있음을 알아야 한다. 오늘날 한국에서 1%의 탐욕과 정치의 결탁이 교육분야까지 치고 들어와 공정성을 무너뜨리고 있다. 노블레스 오블리주가 결여된 한국의 상류특권층을 감시 견제하기 위해서는 무조건 투명 공정한 규제와 감시가 최선이다.

정말 이해 가지 않는 것은 진보진영과 야권이 왜 이 문제에 대해 계속 침묵하고 있는가 하는 문제이다. 특례입학, 전형 자율화의 단초를 제공한 책임이 있다면 솔직히 시인하고 이제는 이런 식으로 가서는 안 된다고 밝혀야 한다. 이를 악용한 MB 정권의 입학사정관제도와 수시 확대로 이제 공정 투명한 대입제도는 아예 사라졌다.

장기적으로 여러 대안을 생각하더라도 현시점에서 가장 필요한 것은 투명공정하고 기회 균등하며 성적이 공개되고 성적대로 대학에 가는 학력고사 제도의 부활이다. 대학진학의 필요성 여부, 대학 비진학자의 취업 가능성 확대, 사교육 철폐, 인성교육 등은 장기간에 국민적 합의를 거쳐야 할 문제이고 당장 비리 복마전이 되어 버린 현행 대입제도는 조속히 학력고사 같은 투명하고 공정한 제도로 복귀하여야 한다.

인성교육이라는 미명하에 '자율화 방식의 대입제도'로 개선된 이후 10년이 흘렀는데 그 결과는 어떠한가? 부정입학이 소수 암시장에서 다수의 공개 시장으로 확대되었다는 결과밖에 없다. 그것도 수많은 자녀들을 왕따, 이지메, 자살, 폭력으로 몰아넣고 교육을 내신지옥 서열화시키면서….

최고의 복지, 소득 정책은 대입개혁이다

입시 철마다 중산층, 서민층들은 복마전, 블랙홀 같은 까도 까도 알 수 없는 현행 입시제도 때문에 몸살을 앓고 있다.

DJ 정권 때인 2002년 입시개혁안에서 수능, 본고사 중심의 대입제도를 선택 전형으로 바꾼 뒤, 참여정부에서는 저소득, 농어촌 특례입학을 서울대에서 전 대학으로 확대했다. 이 모든 취지는 단순 암기 위주의 '획일적 교육'에서 창의성을 배양하는 수요자 중심의 '자율과 참여교육'이라는 명분이었다.

MB 정권 들어와 이 제도는 더욱 확산되어 이제 대학입시 방법이 3,000가지가 넘는 누구도 제대로 알 수 없는 입시제도가 되어가고 있다. 학과마다 다른 이 '복잡미묘하고 불투명한 의문의' 입시제도는 이제 신분, 계급의 재생산과 세습의 도구가 되어가고 있다. 오죽하면 '할아버지의 재력, 엄마의 정보력, 아버지의 무관심과 사회적 지위'가 합해져야 SKY나 좋은 대학에 들어가는 것이 가능하며 공부만 잘하는 것은 전혀 중요하지 않다고들 하겠나.

일반 생활인은 입시제도 자체가 어떻게 돌아가는지 도저히 알 수 없는, 복잡한 고차원 수학 공식 같은 입시제도는 분명 개선되어야 한다.

왜 붙고 왜 떨어졌는지 입시 당사자나 학부모도 알 수 없으며, 당락에 대해 항변조차도 할 수 없다. 따라서 입시 자체에 대한 설명과 컨설팅을 해주는 '대입컨설팅' 사업이 생겨나 1회 수십만 원의 고액 상담료를 받고 있으며 이런 정보 자체가 새로운 '수익과 권력'이 되고 있다.

고교마다 잘사는 상위 성적의 부모끼리 모임을 만들어 입시, 과외, 사교육 정보를 교감하고 이에 끼이기 위해 학부모끼리도 서열이 정해지고 굽실거려야 하는 속상한 일이 한둘이 아니다. 맞벌이 중산층이나 서민, 저소득층 혹은 개혁적 사고를 하는 학부모는 이런 모임 근처에 갈 수도 없거나 더러워서 끼이지도 못하게 된다. 나아가 학교의 입시지도 교사도 대입제도를 제대로 모르고 알 수도 없다고 말한다.

이 과정에서 각 고교마다 학생의 생활기록부, 성적, 수상경력 조작 등이 일상으로 벌어지고 있으며, 부모의 사회적 지위와 권력, 재력 등에 따라 일찌감치 내신에서 집중적으로 밀어주는 일들도 벌어지고 있다. 아예 치밀히 기획해 해외봉사, 자원봉사 등 스펙만 갖춰 SKY 대학에 입학하는 행위들도 공공연히 벌어지고 있다.

내가 아는 과거 유명 사립대학 재단의 한 관계자는 '과거 예비고사, 학력고사 시절에도 돈과 권력으로 부정입학이 비일비재했고 자신도 관여한 바 있지만 이제 이렇게 불투명한 시스템으로 가면 부정입학이 만연할 것은 말할 나위가 없으며 과거에는 눈치라도 보며 숫자를 조정했는데 이제는 아예 누구도 당락에 시비를 걸 수가 없게 시스템을 만들어 가고 있다'고 말했다.

실제 입학사정과, 논술시험 등으로 각 대학의 학생선발에 대한 무한대의 자율성이 확대되었다. 그냥 당신 자녀는 논술, 입학사정결과가 안 좋아서 떨어졌다고 하면 그만인 상황인 것이다.

교우 간 친교의 소멸, 이기주의적 우등생 양산, 학교 내의 계급 및 배금주의 확산, 왕따, 집단폭행 등이 2002년 입시개혁 후 10년 뒤의 결과이다. 인성함양은커녕 자녀들을 공동체에서 소외된 괴물들로 만들어 버린 것이 지금의 현실이다. 오죽하면 '노스페이스 계급'까지 나오겠는가?

학교는 교육도 입시지도도 인성함양도 폭행과 따돌림 예방도 자살 예방도 할 수 없는 무기력한 시간 때우는 곳이 되어버렸다. 아이들은 이곳에서 권력의 질서, 반칙, 꼼수를 배우며, '더불어 살아가는 공동체'보다 뒤처지는 동료를 괴롭히는 '가학'과 센 놈이 살아남는다는 '냉혹한 약육강식'을 배운다. 지금 SNS에서 판치는 공격성과 과도한 한국사회의 편 가르기 또한 이러한 교육의 산물이다. 학교는 기득권의 재생산과 세습을 보여주는 약육강식의 '동물의 왕국' 다큐멘터리 현장이 되어가고 있다.

자녀 문제에 있어 진보개혁, 보수진영, 여야 가릴 것 없이 자신의 능력을 다해 조기유학, 스펙 갖추기, 외고 등 특목고, 일류 명문대 입학 등에 애를 쓰는 것이 현실이다. 그렇기 때문에 이들은 대학 입시제도 개혁에 관심이 없다. 솔직히 권력과 힘이 있고 돈이 있으면 내 자녀는 좋은 대학에 들어가기에 딱 알맞은 제도이기 때문이다. 진보교육 진영은 자신들이 애초 주장하던 제도라서 그런지 입시 제도개혁에는 별 관심이 없다. 무료급식이나 학력평가 제도만큼만 이라도 투쟁했다면 대입 개혁은 벌써 가능했을 것이다.

지금 여야는 각종 복지정책 도입과 국민 소득을 높이기 위한 대책에 혈안이 되어있다. 나는 정치권이 국민의 현실을 몰라도 한참 모르고 있다고 생각한다. 사교육비를 절감하여 그 부분을 생활에 쓰고 내 자식이 공정하게 대학에 가는 것만큼 큰 복지가 어디에 있겠는가? 자식 성공에 목메는 한국에서 말이다.

당장은 학력고사 부활이 정답이다

새누리당, 민주통합당, 통합진보당, 진보정의당 등 지도부는 온갖 복지 개혁과 소득 부양을 말하기 전에 이 지옥 같은 입시 제도를 폐지하고 과거 학력고사 제도를 부활시키는데 앞장서야 한다. 전두환이 만들어서 그렇지 공부 안 해도 대학 가기 쉬웠고, 쉽게 출제되어 지금만큼의 경쟁과 돈, 시간, 정보투자 없이 없는 집 아이들도 좋은 대학에 가서 성공할 수 있었던 것이 '학력고사 제도'였다. 또 자신의 성적이 얼마인지, 어느 대학에 갈 수 있는지, 왜 붙고 떨어졌는지 누구나 명확하고 공정하게 알 수 있는 제도였다.

공연히 저소득 계층, 농어촌을 위한다는 핑계로 가진 자, 상류층, 권력층의 자녀들이 99%를 차지해가는 현행입시제도 보다 학력고사가 훨씬 공평하고 공정한 제도이다. 여타 나머지는 부분적으로 보완해 나가면 된다.

99%의 국민은 1%의 소수 특권층만을 위한 현행 입시세도를 폐지하고 학력고사를 부활하기 위해 정치권과 교육계를 압박해야 한다. 그것이 가정의 평화와 이 사회의 공정성을 지키는 최대의 해법이다.

반값 등록금 사회 대타협으로 풀어라

반값 등록금은 우리 모두의 문제이다

330만이 넘는 대학생과 대한민국 가구의 1/4이 대학생 자녀를 두고 있는 실정에서 OECD 2위라는 세계 최고 수준의 대학등록금 문제는 더이상 문제점만 거론하며 시간을 끌 수 없다. 소득 상위 20% 외에는 거의 대부분의 가구가 겪고 있거나 겪을 고통을 마치 특정한 생활보장대상자의 문제처럼 선별적으로 접근하는 현 정치권의 문제 인식 또한 매우 심각하다.

등록금이 없어 휴학 또는 '알바'로 시간을 탕진하고 이것이 성적 부진과 학업 중단으로 연결되는 악순환은 스펙과 학점으로 상징되는 취업전쟁에서의 낙오와 하향 고착화를 의미한다.

사실 등록금 반값 문제는 대학입시 및 교육제도 개혁, 대학 운영비리 개혁, 대학교육의 질 개선, 대학교육과 재교육의 연계, 취업 등과 연결되는 매우 복잡한 과제이다.

먼저 대학 정원의 확대와 대학설립 인가 남발, 대학교육 부실화 및 산학연계 기술교육 시스템의 부재, 전문대학의 비정규직 양성소화, 대졸 취업난 등을 만든 장본인이 과연 누구인가 자성해 볼 일이다.

최근 한국사회를 관중한 주요 키워드가 "정의란 무엇인가"였다. 현재 반값 등록금과 관련한 '정의'는 자유시장옹호, 최대의 행복원칙, 공동체의 미덕 중 과연 어디에 해당하는가? 이와 관련해 저자 마이클 샌델은 정의는 올바른 가치 측정의 문제라고 결론지으며 정부가 이권 사이에 중립을 지키기보다 회피하지 말고 도덕적 이견에 좀 더 도전하고 경청하고 학습하면서 직접적이고 공개적으로 개입해야 정의로운 사회가 될 수 있다고 언급했다.

이 말을 반값 등록금에 비추어보면 정치권과 정부를 중심으로 시민사회, 학생, 대학 모두가 이 문제에 대한 적극적 개입과 공론화를 시작하여 공동체의 합의를 확립해야 함을 의미한다. 현재 언론, 정치권 등에서 거론되고 있는 반값 등록금 문제에 대한 인식과 의견은 공동체적 문제의식보다 모두 각자의 입장에서 유리하게 판단한 것임을 보여준다. 일률적으로 모두에 반값등록금을 주는 것은 정의도 진보도 아니다. 국가 예산 선심 쓰고 나눠 먹자는데 불과하다. 포퓰리즘으로 가는 것을 막기 위해선 모든 복지는 정의와 공정의 원칙하에 집행되어야 한다.

사실 이 문제와 관련되어 가장 약자는 막대한 등록금과 비용을 쓰고도 졸업 후 제대로 취직조차 못 하고 비정규직, 알바 등으로 떠도는 일류대학을 가지 못하고 엄친아가 되지 못한 90%의 대학생들이다.

학생·정치권·정부·대학 4자 대타협을 제안하며

반값 등록금 문제는 결코 기초생활보장 수급자 수당처럼 선별적으로 해결할 문제가 아니다. 일부 상류층만 뺀 전 국민이 겪거나 겪을 문제이다. 따라서 적당히 소득수준 50%, 70%, B 학점 이상 등을 임의로 언급할 것이 아니라 이 문제에 담겨있는 각종 사회적 과제들을 근본적으로 해결하는 해법이 나와야 할 것이다.

그러나 대학생들의 시급함과 절박함을 고려할 때 여·야당, 정부, 언론은 중구난방으로 각자의 해법을 내기보다는 반값 등록금 문제에 대한 '사회적 대타협'에 신속히 나서는 것이 바람직하다.

우리 사회에서는 과거 '노사정'의 실패사례를 기억하며 선입감을 갖는 분위기가 있다. 이와 관련해 필자는 지난 1994년 UR 농업개방 문제에서 겪은 바를 예로 들고 싶다. 93년 YS 정부가 출범한 이후 세계화 정책에 따른 우루과이 라운드(UR)가입과 농업개방이 정부의 입장이었다. 당시 '한농연' 정책실장으로 있던 필자는 전농 등 타 농민단체와 연대하여 'UR 반대 범국민 대책위'를 구성하고 대변인과 정책실장을 맡아 1993년 내내 개방 반대 시위로 날을 세웠다.

그해 연말 '대책위'와 정부는 합의를 통해 총리를 물러나게 하고 정부의 사과를 받아냈으며 그에 대한 대안으로 '농어촌 발전위원회'라는 사회적 대타협 기구를 출범시켰다. 그 틀 속에서 각종 개방 보완대책과 예산을 공동으로 논의하기로 합의했다. 물론 그 속에는 당시로는 정권에 적대적인 전농을 포함하여 정부, 연구기관, 시민사회, 학계, 농민단체가 모두 참가했고 6개월여간의 토론을 통해 모두가 동의하는 '개방보완대책합의'를 이끌어낸 바 있다.

세계 최고의 복지 국가인 스웨덴 또한 1930년대 이후 반값 등록금과 비슷한 사회복지 과제와 노동임금에 대한 사회적 대립을 노사정 합의로 이끌어내며 이후 이러한 합의의 틀이 시스템화되어 연대임금 등으로 발전하였다. 프랑스 등 주요 선진복지국가 대부분이 이해가 복잡하게 얽힌 사회적 과제를 사회적 타협으로 해결하고 있다.

필자는 국내외의 훌륭한 선례가 많은 '사회적 대타협'이 즉시 반값 등록금 문제에 적용되어 학생, 학부모, 여야 정치권, 교육부, 대학, 교육계의 대표 등이 참가하는 '반값 등록금 해결위원회'가 구성되기를 제안한다. 그 틀 속에서 반값 등록금 및 이와 관련한 모든 논의가 토론되고 합의되어야 한다.

한국에서 가장 완고한 농민들도 이미 합의한 일을 왜 대학 이해당사자들이 못할 것으로 생각하는가?

비리사학지원금 등과 같은 숱한 도덕적 과제 또한 '위원회'에서 공개적인 토론과 논쟁을 통해 국민과 더불어 판단해야 한다. 더이상 반값 등록금이 총선, 대선 등을 겨냥한 보수, 진보진영의 이념적 대립의 수단이 되어서는 안 되며 기득권층의 정치적 제물로 이용되어서도 안 된다. 제3자인 이념 선동가들은 이 문제에서 빠지고 당사자들이 나서야 한다. 정치권과 기득권층은 반값 등록금을 공동체의 유지와 관련된 '정의실현'으로 보지 않고 정치적으로 이용만 하려 들다가는 20~30대의 분노에 직면하게 될 것임을 깨달아야 한다.

반값 등록금 문제는 정치권, 교육관료, 대학 등이 정치적 포퓰리즘으로 만들어낸 폭탄이지 결코 모럴 해저드 한 복지 포퓰리즘이 아닌 것이다. 다시 한번 반값 등록금 해결을 위한 '사회적 합의기구' 설립을 촉구한다.

'박사논문표절'에 담긴 천민자본주의와 '知 테크'

문대성의 박사논문표절

박사논문표절로 2012년 총선 판을 달군 문대성은 결국 새누리당을 강제 출당되다시피 나갔다. 그리고 당시 박근혜 비대위원장은 이 일에 대해 국민들에 사과를 했다.

2000년 아테네 올림픽 결승에서 돌려차기 한 방으로 국민의 히어로가 된 문대성은 IOC 선수위원, 동아대 교수, 국회의원 당선까지 승승장구를 달려오다 박사논문표절 한 건으로 급전직하로 추락했다. 사실 그 개인으로서는 사회적 관행(?)에 대해 본인이 지나친 대가를 치르고 있다고 억울해할 수도 있다.

이번 문대성의 논문표절 사건은 우리 사회 중상류층 전반의 박사학위와 관련된 천민자본주의적 속성을 적나라하게 보여준다. 지식과

학위마저 신분과 지위, 소득유지의 수단으로 여기는 그들 행태의 일단을 엿볼 수 있는 기회였다. 사실 그는 박사학위 취득에 몰두하는 수많은 중상류층 중에 지독히 재수 없는 한 사람일 뿐이다.

60~70년대 우리 사회에서 해외 박사학위는 매우 드물었고 그 자체가 신분과 지위, 명예를 입증했다. 요즘도 그런 사람이 많지만 그때 해외 박사학위는 명함과 집 거실을 장식한 상류층의 훈장이었다. 특히 그 당시 해외 박사학위는 초상류층들만이 가능한 최소한 먹고 사는 문제에 해방되고 돈의 걱정에서 벗어난 집안의 자제들만이 가능한 특권이었다.

따라서 유학 갈 형편이 안 되는 사람은 국내 박사를 땄지만 국내 박사는 어디까지나 이류인생으로 취급받았으며 대학교수로도 취업이 쉽지 않았다. 당시의 해외 박사 학위는 사실상 아무나 올라갈 수 없는 신분과 명예, 특권의 상징이었으며 간혹 스스로 돈 없이 유학 가서 갖은 고생 끝에 녹악으로 박사학위를 딴 사람은 인간승리로 간주되었다.

80년대 이후 국민소득이 올라가고 중산층이 확대되자 해외박사도 대폭 늘어났고 국내 박사는 길거리 돌멩이만큼 흔해졌다. 해외 유명 대학 박사학위로도 교수 취업이 불가능해지고 환경미화원 모집에도 박사학위 소지자가 줄을 섰으며 지방 사립대학에는 박사학위를 따서 교수가 된 사람이 학교 건설 현장이나 운동장 청소에 동원되기도 하는 상황이다. 이렇듯 더이상 박사 학위가 사회적 명예나 취업에 결정적 도움이 되지 못하는 상황에도 박사학위를 향한 열풍은 끝이 없이 갈수록 늘어나고 있다.

박사학위는 知 테크의 수단

　최근 주변을 보면 중견 공무원, 회사 중간 간부, 기자, 정치권 브로커, 건설 시행업자까지 먹고사는 문제에서 벗어나자마자 죄다 박사과정에 등록해 다니고 있다. 골프 다음은 박사학위취득이 목표인 것이다. 박사 학위에 중산층 이상이 이렇게 몰두하는 이유는 현실적인 이유와 과시적 이유 두 가지가 있다고 본다.

　현실적인 이유로는 조기 퇴직 시대를 맞아 퇴직 후 교수 등으로 제2의 인생을 이어가기 위한 용도이다. 그러나 30~40대 유명 외국대학 박사학위 소지자도 무한대기하는 상황에 국내 대학 학위 소지 50대 은퇴자를 위한 교수 자리는 극소수라고 봐야 한다. 그나마 교수 자리를 꿰찰 수 있는 사람은 고위 정부관료, 사정기관 관계자, 고액 기부자 등 일부 권력층 출신에 한정된 예일 것이다.

　그렇다면 실제로 박사학위에 몰두하는 주요한 이유는 지위 과시, 허영, 명예욕 등 과시적 이유가 대부분이라고 봐야 한다. 베블렌이 언급한 자본주의 '유한계급의 과시적 소비' 행태가 지식 분야의 박사학위 취득에서도 '명품 bag' 구매행태처럼 발생하고 있는 것이다.

　결코, 교수가 되지 못할 수많은 사람들이 박사학위에 몰두하는 것은 결국 중산층이 상류층의 life style을 모방하여 소비하고 재테크 하는 것처럼, 학위 또한 신분상승의 상징으로 생각하고 자기만족의 도구가 되는 '知 테크'로 인식하기 때문이다.

당연히 이런 학위를 따기 위해서는 많은 시간, 돈, 노력이 들어간다. 돈과 시간은 어떻게 한다고 하더라도 '노력'의 결과물인 '논문'은 쉽게 하루아침에 해결되지 않는다. 그래서 논문 대필이나 표절 같은 일이 비일비재하게 발생하는 것이다.

미국의 19세기 초·중반의 작가 스콧 피츠제럴드가 쓴 대표작 중에 《위대한 개츠비》라는 소설이 있다. 작가의 자전적 소설이기도 한 이 소설은 1차 대전 후 물질적 성공, 과시적 소비, 사치와 퇴폐적 향락 등이 '인간의 가치' 척도가 되어가던 시대의 상류층의 자화상 즉 변질된 'american dream'을 냉소적으로 풍자하고 있다.

1차 대전 직후인 1920년 황금만능 시대 당시에 유행하던 투기, 불법, 부패 등의 방법으로 갑작스레 부를 축적해 성공한 개츠비가 주인공이다. 이 신흥부자 젊은이가 기성 상류층의 라이프 스타일, 문화, 취향 등을 따라잡으려 애쓰고 상류층 여인을 흠모하지만 결국은 그들을 따라잡지 못하고 파멸하는 스토리이다. 한마디로 '뱁새가 황새 따라가려다 가랑이 찢어진' 이야기이다. 이 소설의 배경인 미국의 1920년대는 대공황 직전의 투기, 마피아, 부패, 양극화, 사치가 극단적으로 활개치던 황금만능 시대였다.

나는 이 소설을 로버트 레드포드가 주연한 영화로도 보았는데 이 소설과 영화를 보며 개츠비가 그토록 따라 하려던 초 상류 계급의 고상함, 품위, 취향 등이 진정으로 그럴만한 가치를 가진 실체였는지 의문을 느꼈다. 사람의 고상, 우아, 품위가 '부' 그리고 그 속에서 축적된 '문화자본'에서 나온다고 느낀 개츠비의 한계는 오늘날 중산층 이상의 한국국민 대다수가 느끼고 있는 갈등과 한계이다.

천민자본주의의 극단을 보여주는 논문표절

강남에 거주하며 사교육을 시키고 강남 친구들끼리 사귀게 하고 조기유학이나 아이비리그 유학을 보내고 미국 유학 문화를 강남에서 재생산시키고 그들끼리 결혼하며 신분의 세습과 재생산을 이어가는 것이 오늘날 한국 상류층의 지배적 문화풍토이다. '아내의 자격'이란 드라마는 강남 도곡동을 소재로 사교육, 사치, 허영에 물든 그 사회의 이면을 노골적으로 풍자하여 화제가 되었다.

20년대 미국 상류층의 투기, 부패, 향락, 탐욕이 대공황을 불러일으켰듯이 21세기 한국 강남 상류층의 탐욕은 이 사회를 끝없는 나락으로 떨어뜨릴 단초를 제공할 것이다. '노블레스 오블리주'라고는 눈 씻고 찾아봐도 없는 이러한 최상층의 행태가 중산층에 남긴 퇴행적 모습 중 하나가 박사학위와 조기 유학이다. 진정한 상류층은 자신의 학위가 사회에 기여되고 모범이 되어야 비로소 완성되는 것이다.

나는 공부가 더 하고 싶어 대학원 석사과정에 진학했지만 당시 석·박사 과정의 풍토에 한멸을 느껴 포기했다. 이후 시간이 남을 때 박사학위라도 받을까 생각도 했지만 모두가 하는 삶의 행태를 모방하는 것 같아 포기한 바 있다.

문대성의 박사학위 논문 표절 판정과 탈당은 여러 가지로 시사하는 바가 크다. 그는 개츠비처럼 여러 번 행운이 깃든 자신의 삶에 만족하지 않고 더 높은 곳을 끝없이 추구하다 몰락했다. 행운의 돌려차기 한 방으로 수많은 올림픽 금메달리스트 중에서도 '독보적 스타'가 된 그는 이후 IOC 선수위원에 당선되었다. 이것만도 엄청난 행운이었다. 그러나 그는 만족하지 않고 석·박사를 따고 동아대 교수까지 따내었으며 결국 공천을 받아 국회의원까지 당선되었다.

동아대 교수까지에 만족했다면 그는 그것만으로도 평생 부, 명예, 지위에서 남 부러울 것이 없었다. 그러나 그는 검증의 대상이 될 수밖에 없는 정치에 발을 디뎠고 결국 모든 것을 잃게 되었다. 평생 운동만 해온 그가 장시간 연구 노력이 필요한 박사학위를 스스로 취득하기는 무리였을지 모른다.

여기서 문제는 그의 박사학위를 심사하고 논문을 준 대학이나 그의 박사학위와 경력을 믿고 교수직을 준 대학은 뭘 했느냐는 것이다. 박사학위 심의와 교수심의 과정에 참여한 사람들은 단지 거수기에 불과했기에 모든 것이 무사통과가 된 것이다.

결국 올림픽 금메달, IOC 선수위원, 석·박사, 대학교수, 국회의원으로 이어지는 과정에서 spec이 또 다른 spec을 낳으며 그는 끝없이 신분이 상승하다 결국은 파멸해 가고 있다. 그리고 그 과정에서 그의 박사학위는 그 이후 주어진 각종 지위 획득을 위한 훌륭한 들러리 역할을 했다. 스포츠 영웅에게는 표절도 대필도 문제 될 것이 없다는 천민자본주의의 일상적 '知 테크' 풍토가 부른 파멸이다.

이제 그는 '정치에 진출했기에' 논문표절이 들통 난 재수 나쁜 인물일 뿐이다. 나는 그에게서 '개츠비'를 본다.

현재 한국의 박사학위 소지자는 총 17만 명인 것으로 보이며 최근 급증해 2010년 이후 매년 1만 명 이상의 학위 소지자가 양산되고 있다. 2011년의 경우 국내외에서 13,000명가량이 박사학위를 취득했다. 5,000만 국민에서 17만 명이 넘는 박사가 있고 매년 13,000명이 학위를 취득하는 이 나라에서, 돌려차기 영웅 문대성이 학위를 표절했다고 그에게만 돌을 던지는 사회풍토는 운동선수에 대한 또 다른 사회적 '디스'가 포함된 것 같다.

솔직히 말해서 나는 장식, 과시, 경력, 명예용으로 박사학위를 하는 정치인, 사업가, 공무원 중 제대로 공부해서 논문 쓰는 사람은 별로 보지 못했다. 자기의 경력에 과시용 스펙으로 한 줄을 넣기 위해 그들은 비싼 등록금을 내고 시간을 쓰며 로비를 해서 학위를 취득한다. 그리고 이러한 스펙은 겸임교수, 객원교수, 석좌교수, 초빙교수라는 이름으로 업그레이드된다. 그러면서 스펙은 또 다른 스펙을 위한 도구가 되면서 지위와 신분을 장식해간다.

매년 1,100명 정도의 외국박사 취득자와 그 열 배인 11,000명에 달하는 국내 박사 취득자의 숫자는 '가르치는 일'과 무관한 spec 장식과 과시로서의 학위취득이 만연하고 있음을 여실히 보여준다.

매년 12,000명 가까이 배출되는 박사들 중에 표절에서 자유로운, 아니면 시석으로 자유로운 사람이 얼마가 될지 의문이다. 그들 중 죄 없는 이들만이 문대성에게 돌을 던져야 한다.

만약 베블렌이 21세기 한국 천민자본주의와 知 테크 현상을 보았더라면 그의 '유한계급의 과시적 소비' 이론은 더욱 정교해졌을 것이다. 그나저나 문대성의 표절사건을 계기로 국회의원 중 박사학위 소지자 전원의 논문을 검증하는 것은 어떠한가? 그래야 공평하지 않겠는가?

현빈 괴롭히기와 MB 정권 인권수준

국익을 가장한 연예인의 인권 무시

군이 현빈의 국내화보발간 외에 일본에서 화보를 발간하고 그 홍보에 이용하려 하여 현빈의 소속 기획사가 해병대에 자제를 요청하는 공문을 보낸 적이 있었다.

2011년 3월 입대한 현빈은 작년 한 해 동안 각종 행사에 차출되었다. 9월 25일에는 여의도 마라톤 대회에 불려 나가 어색한 표정으로 서울시장보궐선거에 나선 나경원과 사진을 찍어야 했다. 그리고 30일에는 여의도 해병대 연주회 사회자로 섰고 10월 초에는 인도네시아를 잠수함 홍보사 방문했다. 나는 나경원 옆에서 어색한 표정을 짓던 현빈의 당혹한 모습을 보고 울화통이 치밀어 올랐다.

특히 나는 인도네시아 국군의 날(10월 5일)에 현빈을 대우조선의 잠수함 수출을 위해 홍보차 파견하는 문제를 잘못된 것이라 비판했었다. 가뜩이나 흑막이 많은 인도네시아 측과의 방산수출에 현빈을 동원하는 것은 매우 잘못됐다.

나는 우선 무기 수출이 국익에 도움이 된다는 현 정권의 입장을 지지하지 않는다. 현 정권 들어 국익이라는 미명하에 진행된 UAE 원전, 남북러 가스관, 자원, 에너지 외교 등에 많은 흑막이 있음을 숱하게 지켜본 바 있다. 솔직히 국익이라는 말은 무엇이 누구에게 얼마나 이익인지 구체적으로 검증되지 않는 모호한 말이다.

한미 FTA도 그 실체적 진실은 차치하고 막연히 국익에 큰 도움이 된다는 말로 재벌과 현 정권의 입장만을 일방적으로 홍보하는 것은 일종의 프로파간다에 가깝다. 국회 내 여야 간 합의 여부를 떠나 FTA로 손해를 입을 수 있는 소수자 쪽의 목소리 또한 동일한 비중으로 들을 수 있는 것이 정상적인 국가다.

한국에서는 지난 수십 년간 연예인을 전문직업인으로 인정하지 않고 정치권, 언론, 재력가 등의 정치행사, 술자리 등에 불러내어 인권을 유린하는 일이 비일비재했다.

몇 년 전 시끄러웠던 장자연 사건 또한 이런 사례의 대표적인 예이며, 선거철만 되면 연예인을 끌어내어 온갖 정치행사에 앞장세우는 것이 정치권의 일상적 모습이다. 지난번 현빈을 나경원 앞에 불러낸 마라톤대회 또한 서울시장 선거용 행사의 일종이 아니라고 말할 수 있겠는가? 현빈은 한국의 TOP에 속하는 스타임에도 그를 대하는 정부나 군의 태도가 이러한데 하물며 나머지 연예인들에 대한 권력의 인식은 어떠한지 안 봐도 뻔하다.

현빈은 본인이 자청해서 일선에서 현역사병으로 복무하겠다고 하여 국민적 환영을 받은 바 있다. 자신의 생각을 말할 처지도 못 되는 그를 각종 행사에 강제 징발하는 것은 당사자에 대한 모욕이며 국가적 망신이다.

MB 정권의 인권에 대한 인식 수준

MB 정권 들어 인터넷단속, 각종 연행, 보복성 수사, 민간인 불법사찰, 군대 금지도서 파문, 노조활동 억압, 철거용역 폭력 등으로 사회 전반에 걸친 기초적 인권 후퇴가 가시화되고 있다. 경제가 침체되는 것은 정권의 무능 때문이지만 기본 인권이 침해받는 것은 정권의 탈법 때문이다. 헌법에는 국민의 당연한 기본권 보장이 명시되어 있고 그 권리와 의무 또한 명시되어 있다.

현빈은 국민의 의무를 다하기 위해 군에 간 것이고, 그것도 본인이 편안한 연예 사병을 스스로 마다하고 해병대의 일반 현역사병으로 일선 근무를 자청했다. 그리고 국민들은 험난한 해병대의 일반 사병을 자청한 그의 모습에서 '상류층의 사회적 책임'을 강조한 그의 드라마 역할을 떠올렸을 것이며 대대적인 열광을 하였나.(나는 오늘날 한국사회에서 TOP 스타는 노블레스 계층이라고 생각한다.)

그에게 주어진 국민의 책임을 그가 할 수 있는 이상을 자청해 수행하겠다고 했기에 찬양을 받는 것이다. 그의 행동은 사실 '매우 당연한 것'보다 좀 나은 수준이지만 국민들이 열광을 하는 데는 그만큼 우리 사회에 상류 기득권층의 책무 이행이 전무했다는 것을 반증한다. 따라서 국익에 당장 억만금의 이익이 있더라도 현빈 그가 원한대로 복무케 하는 것이 국민의 그에 대한 찬양과 기대를 충족시키는 것이고 그의 기본 인권을 존중하는 것이다.

어쨌든 돈만 벌면 된다는 의식하에 70~80년대 개발도상 시기의 인권 경시 사고방식이 다시 MB 정권하에 팽배해지며 국민의 기본적인 인권들이 악화되고 있음을 지적하고자 한다. 이런 지도층의 인권경시가 장자연 사건과 같은 불행을 불러왔다.

인권에 대한 권력핵심의 인식은 곧바로 모든 권력을 떠받치는 각종 국가 기구들에 전파된다. 그리고 또다시 사회 상류층, 중산층 등에 스며들며 전반적 인권 수준과 의식이 형성된다. 따라서 현빈에 대한 강제 홍보동원은 예사롭게 봐서는 안 되며, 국가의 국민에 대한 기본인권 유린의 대표적 사례라는 것을 알아야 한다. MB 정권은 현빈을 강제 홍보에서 자유롭게 하여 본연의 병역의무 수행과 그의 기초적 인권을 보장해야 한다.

강제퇴거 노숙자 예산 200억, 무상급식 투표예산 182억

오세훈의 서울시는 얼어, 굶어 죽을 자유만 있다

　서울시 1년 예산은 약 21조 원. 그중 노숙인 예산은 약 200억 원 안 팎으로 0.1%도 채 되지 않는다. 물론 이 200억 원도 모두 노숙인에게 가지 않고 이리저리 다른 용도로 새거나 경상비용으로도 집행된다. 노숙인 일자리 사업도 2009년 74억에서 2010년 54억으로 줄어들었고, 서울 시내 노숙자 보호소 40곳도 더이상 수용이 불가하다고 한다. 참고로 2010년 '디자인 서울' 예산은 1,040억 원이고 20일간 거행된 '디자인 한마당 행사' 예산은 79억 원이었다.

　야당의회에 의해 전액 삭감되긴 했지만 2011년 서울시 예산 중에 서해(아라)뱃길 예산 752억, 한강예술섬 406억, 한강 지천 수변 공사

예산 950억, 서울숲 26억 등이 오세훈에 의해 반영되어 있었다.

오세훈의 시각에는 고물이 떨어지는 것이 많고 부자들의 환경을 쾌적하게 하고 MB의 비위를 맞추는 예산이 중요할 뿐이다. 지난 10년간 1,800명의 노숙자가 서울시 관내에서 객사해 나가도 그의 눈에는 보이지 않는다. 한때 누군가의 소중한 아들이자 아버지였을 이들의 목숨을 파리만큼도 중요하게 생각하지 않은 것이다. 사람이 애완견보다도 더 하찮게 취급받고 자신들의 권리와 주장을 펼 수 없는 이 사회는 문명이 아닌 야만의 사회이다.

나는 여기서 '자본과 시장의 자유'를 존중한다는 보수세력의 '자유주의'의 실체를 본다. 그것은 마이클 무어 감독의 다큐멘터리영화 〈식코〉에서 보듯이 돈이 없으면 병원치료를 못 받을 자유, 잘린 손가락 접합을 못할 자유를 말한다.

오늘날 보수주의를 가장한 수구세력은 말한다. '무한한 자유의 가치를 존중하는 자유민주주의, 자본주의가 오늘날의 번영을 가져왔다'고…. 그러나 이러한 자유는 일종의 입장 티켓을 가진 선별된 사람에게 보장되는 선별적 자유이다. 집과 음식을 살 수 있는, 결혼을 할 수 있는, 병원에 가서 치료를 받을 수 있는, 교육을 통해 자신의 가치를 높일 수 있는, 편안히 죽을 수 있는 자유는 티켓 즉, 돈과 자본이 있어야 진정으로 가능해지는 것이다.

이것이야말로 '자본만이 당신을 진정 자유롭게 하리라'는 '자본주의적 신자유주의' 세상 아닌가? 오세훈과 MB, 그리고 보수언론과 재벌 등 수구세력이 이야기하는 '자유'는 엄격히 말하면 이 모든 것에 입장할 수 있는 티켓을 소지해야 가능하다.

물론 무료 티켓도 있는데 그것이 바로 정부나 지자체의 '공공예산'이다. 국민이 모두 돈을 갹출하고 부조하여 이 세금을 만들면 그것으로 최저 생계 조건에 미달하는 자를 돌보는 것이 국가나 서울시의 역할이다. 이들이 노숙자 등 취약계층에 무료티켓(주거, 음식, 의료)을 제공해 이들을 돌봐야 하는 것이다. 그러나 무료급식 논쟁에서 보듯 MB, 오세훈 등은 1년 노숙자 예산과 거의 같은 182억 원을 '무상급식 투표'에 쏟아부었다. 그러면서 자신은 한 끼 수만 원씩 하는 고급식사에 국민의 세금을 마음대로 낭비하였다. 정말로 무서운 가짜 보수주의자의 위선이다.

자신의 정치야욕과 MB의 눈도장을 위해 182억을 들여 투표에 나섰던 오세훈은 도저히 인간의 심장을 가진 자가 아니다. 지난해 무상급식투표가 무효가 되었으므로 지금이라도 오세훈에게 182억에 대한 시민적 차원의 구상권을 청구해야 한다.

진정한 보수주의자

진짜 보수주의자의 기본철학은 온정적인 태도와 약자에 대한 양보 그리고 사회 시스템을 지속 유지하기 위한 공동체적인 협력에 있다. 그러나 입에 침도 안 비르고 '공생발전'을 이야기해도 MB와 오세훈에게선 보수주의로서의 조금의 양식과 양심도 찾아볼 수 없다.

썩은 마키아벨리주의자 같은 기회주의자가 한때는 청렴 개혁가로 이제는 보수의 전사로 위장하는 모습은 구토가 나올 정도로 역겹다. 예산 운용 등을 포함 시정 집행과정에 관한 조사를 낱낱이 하여 그가 얼마나 위선자인지 역사에 까발려야 한다. 이제 보수를 가장한 사기꾼들을 더이상 보고 싶지 않다.

    무상급식 투표에 반했던 모든 세력은 서울역 노숙자들에게도 관심을 둬야 '보편적 복지'와 '인간애'에 대한 올바른 논리가 구축되는 것이다. 우리도 언젠가 오세훈처럼 사기꾼이 되지 않기 위해 스스로 끝없이 자기 각성을 해야 한다.

의료보험 해체와 영리병원 음모

병원을 돈벌이로 보는 세력들

지난 몇 년간 한국의 재벌계열병원, 보험사, 경제연구소, 의사협회 등은 집요하게 영리병원 도입을 시도해왔다. 즉, 100% 의무적 의료보험 적용을 받는 제도가 아니라 부유한 환자나 외국환자들에게는 의보 적용과 의보가격이 아닌 수가를 마음대로 적용할 수 있는 병원 도입을 시도한 것이다. 그들은 그 근거로 해외 의료관광 환자의 유치와 병원의 수익확보, 현행 건보 재정의 악화와 낮은 수익성 등을 들었다.

또한 병원, 의대, 의료기기회사, 보험사, 전산시스템회사 등 의료상업화를 위한 일련의 체계를 이미 구비한 재벌들이 일부 복지부 관료와 함께 영리법인 도입을 위한 연구보고서를 '재벌 산하 연구소'를 통해 제출한 바 있다.

새로운 수익성을 발굴할 혁신과 창의성이 없는 재벌들은 이제 '제약 의료 분야'를 신성장 사업분야로 보고 여기서 수익을 확보하기 위해 혈안이 되어있다. 이 분야에서 막대한 수익을 올리기 위해서는 우선 현행 건강보험 의무적용 시스템과 수가 체계가 파괴되어야 한다. 또 기존 공적 사회보험체계를 무너뜨려 미국처럼 국민 다수가 사보험을 들게 하여 재벌 계열 생보사들의 수익을 올리려고 하고 있다.

의료분야에 민간의 돈벌이가 결합하여 망가진 나라가 미국이다. 각종 비리로 유착된 사보험 왕국이 되고 직장에서 쫓겨나 의료보험이 끊어지면 암에 걸려도 죽을 수밖에 없는 나라가 미국이다.

미국의 의료보험 제도의 난맥상을 그린 마이클 무어 감독의 영화 〈식코〉를 보면 의사가 두 개의 손가락이 잘린 노동자에게 보험한도가 한 개밖에 안 되니 두 손가락 중 어느 손가락을 접합해 살릴 것인지 선택하라는 말을 하는 장면이 나온다. 현재 미국은 5,000만 명가량이 아예 보험이 없는 사각지대에 놓여있고 보험회사, 제약회사, 병원의 담합과 로비로 인해 엄청나게 비싼진 치료비 때문에 중병이 걸려도 병원을 제대로 가지 못하고 죽어 가고 있다.

오바마가 이를 고치려고 '한국식 전 국민 의료보험' 즉 '건강보험개혁법'(수준은 한국보다 훨씬 낮은 편이다)을 제정하려 하자 당시 공화당 '티파티' 등 정치권이 반대했고 26개 주가 오바마 의료개혁법안에 위헌 소송을 제기하기도 했다.

이에 비하면 한국의 의료보험법은 세계 대부분의 나라가 칭찬하는 (일부 북유럽을 제외하고는) 한국 복지 수준에서 최상의 제도적 성과물이다. 이렇게 그나마 나은 의료복지 시스템을 (소득 양극화와 경제공황을 맞아 복지를 강화하려는 정치 사회적 추세에도 불구하고) 거꾸로 돌리려는 MB 정권의 집요함에는 놀라움을 금할 수 없다. 이들은 이미 인천, 제주 등 경제 자유특구에서 영리병원 설립의 법제화를 시도하고 있다. 이들 영리 병원이 설립되면 건보 환자를 받지 않아도 법적으로 제재할 방법이 없다.

그들 자신이 이미 대부분 한국 상류층임에도 더 벌기 위해 기어코 영리법인을 밀어붙이는 의사협회와 커피, 빵까지 팔다가 이제 의료행위에서까지 새로운 돈벌이를 추구하는 재벌들의 뻔뻔함이 놀랍다.

흔들리는 건강보험 시스템

한미 FTA가 되면 건보 시스템이 흔들린다는 일부의 우려에 MB 정부는 괴담이고 마타도어라고 일축한 바 있다. 그러나 뒤로는 건보를 해체하고 영리병원을 도입하려 하는 겉과 속이 다른 정권이 MB 정권이다.

나는 99년 당시 의보통합 추진위원으로 있었기에 현 건보공단 김종대 이사장과 관련된 내막을 소상히 알고 있다. 그리고 당시 복지부 일부 관료의 집요한 방해공작도 똑똑히 지켜본 바 있다. 내가 보기에 그들 대부분은, 국가적 공명심 때문이나 직장·지역 간의 부과체계 부당성 때문이 아니라 의료업계와의 유착 때문에 그러는 것으로 보였다.

지난해 의사협회의 지지를 받으며 12년 만에 화려한 복귀를 한 김

이사장은 그렇게 간신히 통과시켜 이제 겨우 자리를 잡아가는 건강보험 시스템의 해체를 시도하고 있다.

그간 나는 이식 등 큰 대수술을 여러 번 받은 바 있으며 이 과정에서 의보제도의 소중함을 누구보다 실감하게 되었다. 기존 제도에 문제가 있으면 국민적 합의로 수정 보완해 나가면 될 것을 빈대를 핑계로 외양간을 태우려는 MB 정권의 과감함에 기가 찬다. 이들은 사방 여론의 반대에도 인천공항까지 팔아먹으려 집요하게 시도하고 있는 사람들 아닌가?

국민들이 잘 모르는 사이에 영리병원 준비를 착착 진행하며 집요하게 의료에까지 손을 뻗어 국민 대다수의 건강을 위협하는 재벌과 이들과 유착해 돈벌이에 혈안이 된 의사와 현 정권의 행태에 말이 나오지 않을 지경이다. 건강보험 체계만큼은 온 국민이 힘을 합하여 최우선적으로 지켜야 할 급박한 과제다.

MB의 파이시티 해법에서 보이는 '집단 망각증'

한국인의 기억유전자는 최대 2달?

안철수 BW 의혹에 관한 글을 한창 쓰고 있을 때 몇몇 사람은 '때를 잘 고르지 지금 초대형 스캔들로 화제가 파이시티로 집중된 마당에 그런 글을 쓰고 있느냐'고 말했다. 언론들의 호들갑도 마찬가지다.

나는 이렇게 말하는 사람들의 입장도 이해하지만, 파이시티 사건 또한 MB에게는 '이 또한 곧 지나가리라'(Soon it shall also come to pass)라는 대수롭지 않은 사건들 중의 하나에 불과할 것이라고 생각했다. MB는 한국 국민들의 '집단 망각증'을 잘 이해하고 있다.

MB가 유일하게 집권 후 겁을 먹은 사건은 '촛불시위'뿐이다. 이때 그는 정말로 겁을 먹고 청와대 뒷산에 올라가 '아침이슬'을 들으며 신세 한탄을 했을지 모른다. 그러나 2008년 6월 10일이 지나자 급속히 저절로 소멸되어간 촛불시위에서 MB는 한국인의 기억유전자가 최대 2달 안팎이라는 것을 확인했을 것이다.

이는 이후 4년간 MB의 집권전략에서 매우 소중한 경험자산이 되었다. 4대강도 UAE 원전도 자원·에너지 외교도 뭐든 밀어붙이면 처음에는 시끄럽지만 곧 조용해진다는 것과 이들 의혹 비리규명을 추동하는 야당, 시민사회, 진보진영의 인내와 관심지속이 길어야 기껏 1~2달이라는 것도 확인했다. 이들 주변을 캐고 압박하고 약점을 잡으면 앞서서 떠드는 주도적 인물은 꽁무니를 빼게 되고 그러면 그 기간도 더욱 짧아진다는 진실도 확인했다.

이때의 교훈이 선제적 기선 제압용 '민간인 사찰'로 나타났고 이 사건이 문제가 되자 총선 시기에 친노진영 등에 케케묵은 조사압박을 하며 또 위기를 벗어났다. 대통령 하야까지 거론되던 사건이 또 잠잠해진 것이다. 물론 제2의 광우병 촛불 시위도 일어나지 않고 일어난다 해도 곧 잠잠해질 것이다.

파이시티 사건에서 보인 집단 망각증

파이시티 사건으로 최시중, 박영준이 구속되거나 소환되자 언론이나 정치권에서는 검찰이 MB와 거리를 둔 채 정권 의혹규명에 본격적으로 나서고 있다고 떠들어댔다. 나아가 대선 자금 수사로 확대될 것이라는 기대도 있었다. 차기 정권을 의식한 행보라는 것이다. 그러나 나는 이 의견들에 절대 동의하지 않는다.

검찰의 최시중, 박영준 등에 대한 압박은 결코 MB 정권에 대한 '칼 대기'가 아니다. 검찰은 전체 사건 수습에 대한 견적을 이미 내놓고 실(實)세가 아니라 이미 실(失)세가 되어버린 두 사람에 대해 MB 임기 중 정해진 '가이드라인'에 따라 처리작업에 들어간 것이다.

두 사람 또한 자신들을 감방에 넣어 꼬리를 자르려는 정권에 '여론조사 비용에 사용', '언론 인터뷰 제청' 등으로 저항을 해보기도 했지만 결국 살아있는 권력에 굴복해야 했다. 이는 견적 조절용에 불과했다.

MB가 당장은 현직에 있을 때 적당히 액수 조절하고 떠넘길 것은 떠넘기고 몸으로 때어주고 나오는 '일사부재리'가 자신들에게 훨씬 실속있는 셈법이라 생각했을 수도 있다.

이번에 최시중, 박영준 둘이 들어감으로써 '형님'이 짊어질 몫은 줄어들게 됐다. 물론 최, 박 두 사람은 파이시티 사건 이외에 있을지 모를 수많은 건들을 미리 조율해 이 건으로 '간단히' 때우기로 작정할 것이다. 이것은 그들에게 수지가 남은 장사인 셈일지도 모른다. 그리고 재임 중 혈육을 빵에 보낸 DJ나 YS와는 달리 MB는 집사와 동네 형님만 보내고 때우려 할 것이다. 어쩌면 '형님'은 외유 등 다른 방식으로 때울지 모른다.

정권에 비관적인 국민들이나 야권 진보언론은 파이시티 건으로 이 정권은 끝났다고 생각했겠지만, MB는 파이시티 또한 디도스나 민간인 사찰, CNK처럼 '이 또한, 곧 흘러가리라'고 생각했을 것이다. 그동안 더한 일들도 그렇게 흘러갔다. 여기에 총선도 이겨 국회는 여대야소인 상태이다.

파이시티도 1달쯤 시간을 때우면서 흘러갈 동안 야권은 '내부 전대 당직 담합', '비례대표 선출비리'로 정신이 없었고 나꼼수는 고분고분해져 가고 있었다. 국민의 '집단망각증' 때문에 '기억의 시간'은 점점 짧아지고 있다. 이리저리 이건 저건 몰리고 쏠려 다니며 MB만 하릴없이 화풀이용으로 까대다가 결정적인 뒤통수를 맞는 것이 이 나라 국민의 운명이라면 그것 또한 어쩔 수 없다.

4부
야권, 진보진영은
정신 차려야

야권은 여야 양측의 의제와 이슈가 비슷해질 때 '프레임의 재구성'을 하고, 같은 복지나 경제민주화라도 전혀 방법이 다른 혁신적 어프로치를 해야 했다. 예를 들어 복지재원에서 기껏 얼마 되지 않은 부유세 논쟁보다 '불로소득과 탈세의 근원인 지하 경제를 불식시키는 획기적인 정책 대안 같은 것'을 냈어야 했다.

– 야권의 4월 총선 패배 원인 中에서

야권은 왜, 3개월 만에 망해버렸을까?

야권의 4월 총선 패배 원인

불과 총선 석 달 전만 해도 의회 과반수와 대선 승리가 눈앞에 보이는 듯 기세등등하던 야권이 총선에서 완패했다. 독자적 대선 승리는 난망한 상태이고 기껏 안철수를 끌어들여 공동정부 구성하자는 것이 자칭 원로들과 문재인 후보의 대안이다.

정통 야당의 계보인 민주통합당은 지리멸렬한 채 썩어가는 집구석 문고리 주도권 싸움에 열중이다. 야권연대의 한 축인 통합진보당은 주사파의 그늘 속에 막장까지 갔다. 아마 한국 정치사에서 야권이 그토록 예상 밖의 패수를 한 기록은 찾아보기가 어려울 것이다.

나는 이번 대선이 한국사회 제반 분야에 새로운 변화의 출발이 되기를 기대했다. 지난 수십 년간 지속된 부정적 유산을 뒤로하고 대선을 통해 여·야권이 공히 개혁적 변화의 흐름에 올라타기를 희망했다. 그러나 총선 후 야권의 지리멸렬이 계속되고 여권의 일방적 주도가 지속되면서 대선은 사회개혁을 앞당기는 장이 되기보다 오히려 기득권 수구세력 로비의 장이 될 가능성이 커졌다.

대선은 다음 5년을 끌어갈 비전제시와 지난 5년에 대한 평가의 기회이다. 나는 기존 여야 정치권이 다 맘에 들지 않지만 우선은 '야권이 석 달 만에 망했던 이유'를 지적해 보고자 한다.

야권이 망한 첫 번째 이유는 총선시기에 자신만의 독창적인 프레임을 갖지 못했다는 것이다.

친노로 구성된 야권 집행부가 1월에 등장한 이후 주요 프레임은 '노 대통령 복수와 검찰개혁', 'MB 심판'이었다. 이 두 가지가 양념이나 윤활유는 될망정 총선, 대선을 이길 만한 적극적 '의제나 이슈' 제시라고 생각할 수 있겠는가? 상대가 잘못한 것을 말하는 것 외에 자기는 어떻게 하겠다는 것이 있었어야 했다. 야권은 '보편적 복지와 경제민주화'를 적극 이슈화하고 언급해야 했다.

복지에 관해 정치권에서는 박근혜 전 대표가 먼저 시동을 걸어 치고 나갔다.(물론 시민사회에서는 복지 논쟁이 훨씬 전에 제기되었지만 이는 수면 하의 일이었다.) 경제민주화 또한 그 아이콘 김종인 전 장관을 새누리 측이 먼저 끌어들였다. 솔직히 야권이나 진보당 그리고 시민사회 측은 이 이슈가 오래 묵은 진보진영의 '전가의 보도'였다고 주장할 것이다.

그러나 미국의 언어학자 '조지 레이코프'가 언급했듯이 서민들이 계급을 배반하고 보수정당에 투표하는 이유가 사실이나 진실을 몰라서 그러한 것이 아니다. 유권자들은 오랫동안 자신이 생각해온 가치체계가 있고 그 가치를 떠올리게 하는 언어와 사고 프레임에 근거하여 정당과 후보자에 투표를 한다. 정치는 결코 논리적이지 않은 것이다.

지난 총선에서 서울지역 이외의 유권자들은 박근혜의 '복지와 경제민주화'가 똑같은 이슈를 말하는 야권연합 측보다 더 신뢰할만하다고 생각한 것이다. 쌍방이 똑같은 말을 할 때 유권자의 선택은 '더 신뢰한다'고 생각하는 무의식적으로 굳어진 가치관에 따라 투표하는 것이다.

야권은 여야 양측의 의제와 이슈가 비슷해질 때 '프레임의 재구성'을 하고, 같은 복지나 경제민주화라도 전혀 방법이 다른 혁신적 어프로치를 해야 했다. 예를 들어 복지재원에서 기껏 얼마 되지 않은 부유세 논쟁보다 '불로소득과 탈세의 근원인 지하 경제를 불식시키는 획기적인 정책 대안 같은 것'을 냈어야 했다. 물론 이러면 상당수 부유층의 지지는 상실할 것이다. 하지만 선거라는 것이 지지층을 결집하고 중도층 다수를 끌어오는 것이지 반대층을 얻는 것은 아니지 않은가?

더 중요한 것은 같은 말을 하더라도 말하는 사람의 신뢰성에 따라 신뢰도가 다른 법인데 야권은 공천과 경선 물갈이 등에서 이미 스스로 신뢰를 상실하고 열린 우리당 시절에서 한 걸음도 나가지 못하는 모습을 보여주었다. 그러니 서로 비슷한 말을 하는데 이왕이면 '무의식적 신뢰'가 구축된 박근혜를 선택한 것이다.

만약 내 생각대로 세계 대공황이 더욱 가속화되면 불안한 국민들은 신뢰와 리더십을 우선시하는 경향이 더 커질 것이다. 3개월 만에 망한 것은 그럴만한 이유가 있는 것이다.

둘째, 야권은 '반미주사'와 '2008년 촛불시위'에서 한 발짝도 나아가지 못했다는 것이다.

솔직히 말하면 노 대통령 탄핵은 2002년 대선 패배를 인정하지 못하는 보수세력의 반동이었고 2008년 광우병 촛불시위는 야권과 진보진영의 2007년 대선 패배에 대한 반발이었다. 집권을 하려 한다면 현실을 있는 그대로 해석해야지, 스스로 '부정적 프레임'에 빠져 헤어나지 못하고 지나치게 이념에 매몰된 음모론적인 추정을 어젠다화 하는 것은 자해행위에 가깝다. 총선시기 때맞춰 벌어진 야권의 '한미 FTA 폐기논란'과 '제주 강정 기지 폐쇄' 투쟁은 하루하루의 삶이 고통인 중산층 이하에게는 현실과 동떨어진 매우 생경 맞은 것이었다.

시위에 나온 숫자가 국민의 지지를 말하는 것은 아니다. 국민들은 때론 대세에 눌려 말은 안 해도 각자 자기만의 사고 기준과 틀을 가지고 사는 것이다. 솔직히 나는 국민은 야권진영이 중국어선이 영해 침범과 폭력행위, 중국의 영유권 침범, 한중FTA, 북한의 미사일 발사 (이렇게 말하면 꼭 위성이라고 따지는 사람이 나온다.) 등에는 침묵하고 결사적으로 한미 FTA, 제주기지만 물고 늘어지는 것에 무언가 다른 배경이 있는 것이 아닌가 생각할 수도 있다.

물론 한미FTA 통과과정이 석연찮고 개정의 필요성이 있긴 한데, 민주당은 정제된 용어로 감정을 빼고 이 문제점과 개선 방향을 지적했어야 함에도 그러지 못했다. 솔직히 SNS나 시위에서 상기 이슈를 주장하고 퍼트리는 열성지지자의 표 결집만으로 대선 승리가 가능한가? 이들의 지지를 얻은 대가로 포기해야 할 지지가 얼마나 될지 계산이나 해봤는가? 설사 백번 양보해 상기 이슈가 진리와 정의라 할지라도 정치는 다수의 표를 얻는 게임이지 진리를 설파하는 장이 아님을 알아야 했다.

셋째, 친노의 자기 한계 극복도 중요하다.

노무현 전 대통령은 본인 스스로 공과를 안고 갔다. 친노가 정치를 계속하는 이유가 '노 대통령으로의 회귀' 때문은 아닐 것이다. 이미 끝난 시대는 있는 그대로 역사적 평가에 맡겨야 한다. 친노가 잘하면 더 나은 역사적 평가가 나올 수도 있다. 솔직히 친노가 계속 '친노'를 주장하려면 기존 야권과는 다른 자신들의 '고유한 브랜드'가 있어야 한다.

한국 야권 최고의 지도자 DJ 이후 동교동계마저 실체가 옅어져 가고 있는 마당에 친노에 '계파' 이상의 의미를 부여하기 위해서는 '친노 정신'의 실체가 과연 무엇인지 말해야 한다. 여기저기 흩어진 친노를 전부 묶어 '노 대통령 정신 계승 세력'이라 말하기는 뭔가 이상하다.

MB를 때린다고 해서 친노가 사는 것이 아님을, MB를 패는 면허를 친노만 받은 것도 아님을 알아야 한다. MB의 존재 없이 왜 친노가 존립해야 하는지를 말해야 하고 그것이 없다면 그냥 계파로 남아야 한다. 집권은 복수나 과거 회고를 위해 하는 것이 아니다. 미래를 위해 하는 것이다. 이번 총선에서 친노는 과연 무엇을 자신들만의 브랜드라고 보여주었는가 반성해야 한다.

현재 야권은 용기가 없다

2012년의 대선은 정책은 보이지 않고 지리한 야권단일화논쟁만 보여왔다. 그런데 순전히 나 자신의 주장대로 안철수의 backup이 MB와 관련이 있다면 이번 대선은 박근혜, 이명박 간의 대선이다.

지금 야권은 스스로 안철수와의 공동정부, 대통령과 총리의 역할 분담(나눠 먹기)을 먼저 언급하고 있다. 안철수의 곁불을 쬐며 기생하더라도 기어코 대선을 한 번 이겨보겠다는 것이다. 그런데 이게 과연 정권교체인가? 막강한 대통령제하에서 공동정부가 정말 구성될 수 있고 그 약속이 지켜질 수 있을까?

'안보는 보수'라는 안철수의 말을 수용하고 진보당과는 헤어질 것인가? 한국 정치사에 이런 웃기는 야당이 또 있을 수 있을까? 이건 정당이 아니라 '대권 승리 연합'에 불과하다. 오히려 이 기회에 개헌판을 다시 벌리며 새판싸기를 재시도히는 새누리 친이 측이 야권보다 훨씬 과감하고 생산적이다.

정당은 자신 고유의 가치, 이념, 철학, 정강, 정책이 있어야 한다. 정당은 하루아침에 생기는 것이 아니라 마치 묵은 된장처럼 오랜 시간 쌓이고 쌓여서 굳어지는 것이다. 그런데 가치관이나 그 실체가 모호한(안 후보는 하나마나 한 자기계발서 같은 이야기만 했지 내용 있는 정치철학이나 가치관을 말한 적이 없다.) 안철수와의 무조건적 연합을 이야기하는 것은 솔직히 스스로 대선에 이길 자신이 없다고 고백하는 것과 다름없다.

과거에 절망적인 상황도 반전시킨 노 대통령의 파이팅이나 4수 끝에 기어코 이긴 DJ의 끈질김은 찾아볼 수가 없다. 현재 야권은 용기가 없다.

　솔직히 2010년 6월 지자체 선거 이전에는 MB가 무서워 야권은 잘 보이지 않았다. 그러다가 MB가 스스로 무너져가자 동면을 끝낸 야권 진보진영은 너나 할 것 없이 MB 까기에 앞장섰다. 이후 MB가 반격에 나서자 야권은 다시 침묵 모드로 돌아섰다. 지난 총선 때 야권이 야당다운 폭로나 투쟁을 한 적이 있는가? 현재 야당에 출마해 당선된 이들 다수가 여당 못해 야당 하는 인물들 같다. 야당이 여권과 비공식적으로 이런저런 통로가 가동되고 있다는 소문이 나서 되겠는가? 강한 적과 싸우려면 선명성이 생명이다.

　나는 앞에서도 MB는 정치분야에 있어선 어떤 상황에서도 그 판을 역전시킬 능력이 있는 한국 정치권 최고의 테크니션(?)이라 칭송한 바 있다. 그 앞에 친노, 동교동 할 것 없이 야권의 모든 배지들이 슬슬 기고 있다. 친노진영 수사, 저축은행 수사 등 MB는 자신과 주변의 약점에도 불구하고 '너는 깨끗한지 보자'고 야권을 향해 도박을 걸고 있다.

　솔직히 요즘 야당의원은 제보가 들어와도 서로 발표를 미룬다고 한다. 내가 배지 오래 다는 게 중요하지 공연히 앞장서다 칼 맞을 이유가 없다는 것이다. 이런 용기 없는 자들이 자리를 차지하여 자기편을 상대로 주먹이나 쓰는 것이 요즘 야권 실정이다.

정치는 절제된 언어로 대중의 영혼을 울리는 품격이 있어야 한다

야권과 진보진영은 '하수도 문화', '유명인', 'SNS'에 대한 과도한 의존에서 벗어나야 한다. 100조 원 가치설이 나돈 페이스북이 미국에서 수년 만에 없어질 것이라고 하는 여론이 확산되며 고전을 하고 있다. 팟캐스트, 트윗, 페이스북 등 SNS는 그야말로 과거 '미니홈피'처럼 한때 지나가는 유행이다. 마치 이것에 새로운 '전자 디지털 민주주의 혁명'이라도 도래한 듯이 과도한 의미를 부여하면 곤란하다.

최근 야권 주변의 C급 대중문화를 주도하는 유명인과 팟캐스트 등이 불러일으키는 사회적 염증과 반작용도 만만치 않다. 무슨 일이든 잘 나갈 때 적당히 해야지 잘한다고 박수 치니 들떠서 앞뒤를 가리지 않고 춤추다가는 망신만 당하는 것이다.

정치는 절제된 언어로 대중의 영혼과 마음을 울리는 품격이 있어야 한다. 분노도 승화하여 정확한 논리로 상대의 심장을 향해야지 자기만족용 욕설로 흘러서는 안 된다. 폭로도 선동도 그에 상응하는 공부, 노력, 콘텐츠가 필요하지 자꾸 하수구 쪽으로 흘러가서는 안 된다.

SNS에 넘치는 분노, 욕설, 조소, 야유들을 보면 대선 승리가 눈앞인데 현실은 암담한 이유가 보인다. '끼리끼리 만의 자위'는 아무 쓸모가 없기 때문이다. 야권, 진보진영만의 냉소적 C급 문화에 갇혀 그것이 세상의 다인 줄 알았다가는 큰 오산이다.

MB만 끝나면, 야권만 집권하면 파라다이스가 열리는 것이 아니다. 결국 오늘의 성실한 노력이 내일을 만드는 것이다. 현재 야권의 모습을 보면 급변하는 세계적 차원의 변화에 너무나 무기력한 모습을 보이고 있다. 이런 무지하고 용기없고 퇴행적이며 지리멸렬한 상태로는 정치세력으로서 존재의 의미가 없다. 쓸데없는 논쟁에 에너지를 낭비하지 않고 오직 '프레임'과 'skill'만 연마하는 일사불란하고 단순한 여권이 그나마 야권에 앞서는 것은 그것이 효율성이라도 있기 때문이다.

오늘날 통합진보당이 십 년 공든 탑을 며칠 만에 스스로 무너뜨린 것도 하루아침에 그냥 그렇게 된 것이 아니다. 누적된 모순이 쌓여 올 때까지 오다가 '최상의 승리'를 거둔 시점에서 터질 때가 되자 터진 것이다. 모든 사회경제적 패러다임이 바뀌고 있는 전환기에서 복고와 C급 문화에 빠져 흘러간 유행가를 다시 틀어서는 앞날이 뻔하다.

그런데 진보진영을 포함한 야권을 보면 공부나 성찰과는 너무 담을 쌓은 것 같다. 공부를 해야 올바른 고민이 생기고 고민을 해야 제대로 된 성찰이 나오는 것이다. 그냥 여기저기서 주워들은 이야기로 적당히 대중에게 전달한다고 모두 표를 몰아주는 것은 아니다. 성찰에서 우러나온 진정성이 바탕이 되어야 대중의 마음을 얻는 것이다.

완전국민참여경선에 감춰진 기성 정치권의 꼼수

완전국민경선제

정치권의 국민경선제 방식은 지난 2002년 민주당 대선후보 경선 때 국내에 처음 도입되어 노무현 바람을 낳았다. 당시 이는 미국식 '오픈 프라이머리', 즉 '완전국민경선제'에서 그 아이디어를 빌려 온 것이다. 이는 투표자가 자신의 정당성향이나 소속 정당을 밝히지 않고 개방되어 있는 정당의 선거후보에 참여할 수 있는 방식의 예비선거를 말한다. 이는 기득권을 가진 정치인들의 전력을 견제하고 국민의 의사를 보다 더 잘 반영하기 위해 채택된 것으로 미국의 일부 주에서 실시하고 있는 제도이다.

2002년 민주당이 이를 도입한 이후 이 제도는 정치권 전반에 확대되어 지난 2007년 한나라당 대선후보 선출에도 부분적으로 활용되었다.

처음 도입과 달리 이 방식은 원래의 취지에서 한참 벗어나 한국식으로 변질되어 일반 여론조사까지 대선 후보 선출에 반영하기에 이르렀다. 지난 2002년 대선에서는 민주당 노무현 후보와 국민통합 21의 정몽준 후보의 단일화가 불과 2개 회사의 여론조사 방식으로 인해 결정되었다. 또 2007년 한나라당의 대선후보 결정 또한 당원, 대의원, 일반 국민 등의 직접투표에서 진 MB가 여론조사에서 이겨 대선후보가 되었다. 따지고 보면 2002년, 2007년 대통령 선거는 모두 국민 참여 경선 방식에서 비롯된 여론조사로 대통령 후보를 결정한 것이다.

기존의 여야 정당 하부 조직구조에는 자발적 참여자가 거의 없다. 대부분이 향우회, 관변 어용조직, 산악회, 체육회, 사조직 등과 정치 브로커, 지역 토호 및 유지, 건설토건업자, 개발사업자, 자영업자 등으로 구성되어있다. 이들은 충성의 대가로 지자체의 단체장, 광역·기초의원, 지역구 상근자 및 이권 등을 따낸다. 그리하여 중앙과 각 지역 간의 거대한 유착 구조 시스템이 구성되어 정당체제를 갖추게 되는 것이다.

사실 한국 정치구조 개혁을 위해서는 지자체의 시·군의회, 도의회 등은 법을 바꾸어 퇴근 후인 야간에 회의나 업무를 보고 지자체 의원직은 자발적 참여자들인 무보수 명예직으로 바꾸어야 한다. 그러면 한국 정치 구조와 풀뿌리 지역 정치 시스템은 금방 개혁될 것이다.

이런 정치구조 개혁이 이뤄진다면 일반 회사원, 교사, 노동자, 학생, 비정규직 등도 지자체 의회에 진출할 수 있게 될 것이고, 저절로 지역정치 구도가 개혁되고 예산이 투명하게 편성, 집행될 것이다. 그리고 이를 통해 풀뿌리부터 정치개혁이 시작될 것이며 바닥부터 경험과 기반을 다진 좋은 인물이 중앙의 국회의원들로 배출될 것이다. 그러나 여·야 의원 누구도 이런 주장을 하지 않는다. 이는 기존 자신의 조직 구조와 발등을 찍는 짓이기 때문이다.

기성 정치권의 꼼수 완전국민참여경선

당비를 내는 진성당원이 거의 없고 국민 대다수가 지금 정치권과 정당에 혐오를 가지고 있으며 정당지역 하부조직에는 이해 관계자만 득실대는 현실에서 오픈 프라이머리를 하면 과연 정치권의 물갈이가 되고 정치개혁이 이루어지겠는가?

보나 마나 완전 국민 경선을 빙자한 조직동원이 대대적으로 이루어지고 동원된 대중은 거수기로 전락할 것이며, 동원되지 않은 대중이라 할지라도 결국 현역 지명도와 인기투표식 투표에 머물 것이다. 이는 결국 돈과 조직에 능한 기존 인물과 선동, 포퓰리즘에 능한 꾼들을 공천하는 행위로 전락하고 말 것이다. 이와 관련해 지난해 10월 프랑스에서 치러진 사회당 대선후보 선출 과정을 되새겨 볼 필요가 있다.

사회당은 이전 대선에서 3차례 패하여 절박한 상황이었으며 이전 2006년 대선 후보 경선에서는 18만 명밖에 참여하지 않았다. 그런데 이번에는 1차 투표 266만 명 결선투표 288만 명(유권자의 6.4%)이 제1야당의 대선후보를 뽑는데 나섰다. 5년 사이에 15배나 불어난 것인데 그 이유는 투표방식이 '시민 예비선거'라는 국민경선제로 바뀌었기 때문이다. 당원 아닌 18세 이상 투표자 누구나 참여하도록 개방되었다.

그러나 국민 경선이기는 하지만 선거 참여에 두 가지 조건이 있었다. 첫째 조건은 1유로 이상 사회당 후원금을 내야 한다는 것이고 두 번째가 '자유, 평등, 박애, 정교분리, 정의, 연대, 진보의 가치를 공유한다'는 좌파의 이념에 대한 서약서에 서명하는 것이었다. 오랜 정치 참여의 전통과 성숙한 시민의식이 바탕이 되고 관용과 자유, 평등, 박애 정신이 국민들에게 공유된 프랑스 사회이기에 가능한 방식이었다.

물론 한국에서도 이런 방식이 가능할 수도 있다. 돈은 대납하고 서명은 가짜로 대리 서명하면 될 것이다. 그러나 프랑스에서 이런 방식은 상상도 불가하다.

오랜 독자적 정치 양식을 실험해 온 미국 또한 대부분의 국민이 이미 오랫동안 공화당과 민주당 지지자로 양분되어 있다. 그 사이 중도층은 10% 안팎에 불과하며 이들이 선거의 결과에 주요 역할을 해왔다.

미국의 오픈 프라이머리는 오랜 지역 정당 지지자들의 자발적 참여로 축제 성격이 짙다. 이런 외국의 오랜 정치 전통을 외관만 따와 그 속에 담긴 오랫동안 성숙된 민주적 시민의식의 역사를 무시하고 국민경선제라는 이름으로 내미는 것이 한국의 기존 여야 정치인들이다.

이는 국민들의 '변화의 요구'에 지금처럼 계속하겠디는 답변을 한 것과 다름없다. 문세는 방식이 아니리 진정한 변화의 의지이다. 여야 정지권이 진정으로 변화를 바란다면 공천방식 이전에 자기 스스로에 대한 엄격한 규율을 먼저 만들어야 한다. 지역 개발 공약 금지 법제화와 지자체 개혁, 교부금 나눠 먹기 금지, 의원 출결사항과 법안제출 사항 공개, 국회 투표사항 공개, 후원금 사용내용 공개, 국회 발언 질의내용 공개, 재산 상세명세 공개, 납세내역과 전과기록 공개 등이 그것이다. 그러나 이런 일은 절대 일어나지 않을 것이다.

그나마 한국 정치역사에서 참신한 인물이 정치권에 대거 진입한 것은 YS, DJ 때였다. 오너의 결단에 의해 일정지분을 물갈이 공천할 때 대거 새로운 인물들이 들어왔기 때문이다. 그 이후로 공천개혁을 한다고 온갖 방법을 동원해 봤지만 모조리 그 나물에 그 밥들이었다. 따라서 지금은 제도개선보다 청산이 더 중요하다.

정치권이 정말 국민의 바람대로 정치개혁을 하겠다면 그간 해온 자신의 정치활동과 공인의 의무를 투명하게 공개한 뒤 그중에서 문제가 없는 깨끗한 사람들을 추려서 국민경선이든 뭐든 제도개선을 한다고 해야 한다. 그래야 국민들이 믿을 수 있지 않겠는가?

진보세력의 한계

진보세력의 동력 상실

통합진보당 내 비례대표 선출 부정 의혹을 둘러싸고 한때 언론지상이 연일 시끄러웠다. 기다렸다는 듯이 이 일을 부추기는 세력이 존재하는 것도 분명한 사실이지만, 그간 '진보의 도덕적 우월성'을 바탕삼아 비판의 사각지대에 존재해 온 '한국 진보정당에 대한 본격적인 재정립'이라는 측면에서 꼭 나쁜 측면만 있는 것은 아니다.

흔히 진보 진영에 대한 도덕성 논란에 대해 보수의 전반적 부패는 눈감으면서 왜 진보진영이 사소한 문제만을 침소봉대하는가 하는 음모적 차원의 문제 제기가 있었다. 그러나 이것은 진보, 보수의 진영의 문제가 아니다. 제도권 정치인의 도덕성에 관하여서는 누구든 엄격한 원칙과 처벌이 필요하며 세계적 관행 또한 그러하다.

통합진보당은 논란 당시 원내 13석이나 가진 대중정당이었지 전위적 실험정당이 아니었기에 새누리당 돈 봉투가 지탄과 처벌을 받은 것과 마찬가지로 통진당 또한 같은 잣대로 당 안팎의 비난을 감수해야 했다. 국회의원과 정당에 국민의 혈세로 주어지는 엄청난 특권들이 그냥 주어지는 것이 아니다.

나는 이번 통진당 내부의 경선 부정 의혹이 '당내 친북성향 주도그룹이 일상적으로 저지른 내용'이라는 투의 보수언론 보도 또한 불편하게 생각한다. 친북이든 종북이든 당내 헤게모니든 그것은 중요하지 않다. 그건 그 정당 내부의 노선 문제이다. 문제는 통합진보당의 당내 경선과정(관악을 야권 통합후보 경선, 비례대표 경선 등)에서 보듯이 대중 정당에서 일상적으로 조직적으로 이런 부정이 저질러지고 있다는 점이다. 이러한 부정이 경기 동부연합이건, 평등파건, 국참당 출신이건 누구에 의해 저질러졌다 하더라도 그것은 민주주의의 기본 원칙 위반이다.

지금은 20세기 초 러시아 혁명시대 때의, 지하정당 운동시대가 아니다. 정당 차원으로 국고의 지원을 받고 세비와 보좌진의 지원을 받는 대중 정당에서 일어난 이런 일은 당내 법규를 떠나 명백한 불법이다.

자유민주주의를 인정한다는 전제하에 남한 내에서 활동 중인 모든 정당은 당 내부나 당 외부의 대중적 활동에서 민주주의의 기본원칙을 존중해야 한다. 당 내부 분파가 존재하고 그 분파의 추구하는 목표가 무엇이든 간에 이 원칙을 떠나서 존재한다면 그것은 불법인 것이다.

따라서 이번 부정경선 문제를 경기 동부연합, 즉, 주사파나 종북의 문제로 몰고 간다면 그것 또한 보수 진영이 헛다리 짚은 것이다. 이 문제는 정당의 민주화의 문제이고 경제 사회적 개혁과 진보, 공동체, 사회통합을 지향하는 한국 '진보세력의 수준문제'인 것이다.

지난 30여 년간 신자유주의하에 제대로 숨도 쉬지 못하던 전 세계 진보진영은 2008년 금융위기 이후 그야말로 진보의 전성기를 회복할 수 있는 절호의 기회를 맞았다. 그러나 지금 유럽에서는 각국의 정권이 교체는 되고 있지만 극좌와 극우가 판을 치고 세력을 키워가고 있고 진보나 사민주의 세력은 변화하는 시대에 맞는 자신의 비전이 무엇인지 제대로 설명하거나 제시를 하지 못하고 쇠퇴해 가고 있다.

자본주의, 민주주의와 공존하고 공동체, 복지국가, 평등·연대를 중시하며 국가와 정치를 통해 사회를 변화시킬 수 있다는 신념하에 사민주의는 탄생했다. 이후 사민주의는 20세기 유럽 번영의 초석이 되었고 그 정신을 미국과 전 세계에 퍼뜨렸다.

그러나 이후 더이상의 새로운 비전이 업데이트되지 못하며 1970년대 이후 쇠퇴하고 80년대 대처 주의와 레이거니즘에 막히고 90년대 초반 사회주의권의 몰락과 더불어 무너지기 시작했다. 이후 자유로운 자본의 시대인 신자유주의 30년 전성기가 시작된 것이다.

장황하게 유럽 사민주의를 언급하는 이유는 오늘날 한국의 진보당 특히 통합진보당이 금융위기 이후 '세계 대공황이리는 절호의 기회에도 왜 저리 진부하게 내부 밥그릇이나 찌질하게 다투다 무너지는가' 하는 문제를 언급하기 위해서다. 2012년 한국의 경제, 사회적 상황을 보면 진보정당이나 사민주의 세력이 주도해 나가기에 정말 좋은 토양이 마련되고 있음에도 밥그릇을 스스로 걷어차고 있다.

나는 사회주의는 구소련 사회의 몰락과 중국의 변질 이후 콘텐츠와 비전의 획기적 변화가 전제되지 않고는 더이상 세계 정치의 주류가 되기는 어렵다고 본다. 다만 '사민주의'는 현재 북구 유럽과 동유럽 다수국가에서 수십 년간 집권세력으로서 그 정치적, 정책적 실체를 보여왔다. 또 세계적 금융위기하에서도 북구 유럽이 가장 안정된 것은 사민주의 복지체제의 역할이라고 보고 있다. 스웨덴은 1930년 이후 정권 교체와 상관없이 사민주의적 합의의 토대가 현재까지 유지되고 있다.

한국의 진보정당은 오늘날 유럽식 전통사민주의로 수정보완 발전된 체제를 과감히 수용했어야 함에도 그러지 못했다. 오히려 진보당 내에는 사민주의를 기회주의로 보는 세력도 있다. 그러면 도대체 진보당의 실체는 무엇인가?

90년대 초 구소련과 동구의 몰락 이후 한국의 좌파 주류는 '친북성향 신좌파'로 오히려 더 기울어졌다. 그리고 이들이 2000년내 진보정당으로 진입하여 오늘날 주류가 되었으며 이는 일종의 '민족사회주의 신좌파'로 해석된다. 이들에게는 모든 정치·사회·경제 문제보다도 민족적 모순이 최우선이고 그래서 친북 반미라는 원칙이 노선의 중점이 되었다.

광우병 쇠고기, 한미 FTA, 제주 강정 기지 문제에서 야당이나 진보진영이 주장하는 수입 쇠고기 검역의 엄격화와 먹거리 주권, 한미 FTA 졸속처리 재협상 필요, 제주기지의 환경 파괴 등은 분명히 귀담

아들어야 하고 옳은 부분이 많았다. 그럼에도 반미라는 측면에 집착해 너무 끝까지 나가버린 탓에 대중의 지지를 상실한 것이다.

지금 한국사회의 대중 특히 진보정당의 잠재적 주 지지층인 수도권 2040세대는 세대적 모순, 시대적 모순 하에 최악의 상황에 부닥쳐 있다. 소득 양극화, 저임금, 비정규직, 청년실업, 학자금, 취업, 보육의 문제, 신분상승의 불가능, 중산층 유지불가 등 온갖 사회적 모순과 집권세력의 부패와 전횡 등에 분노하고 있다. 그럼에도 야당과 진보세력은 잘못된 어젠다 설정과 당 내부의 비민주적 관행, 대중의 욕구 이해 부족으로 '장기적 사회비전'을 제대로 제시하지 못하여 총선에 패배했다.

작년에 나돈 숱한 진보진영의 '정치 예언서' 내용에 따르자면 보편적 복지, 경제민주화, 정책연대에 의한 야권단일화 이 세 가지면 총선·대선 승리는 떼 놓은 당상이었다. 그러나 총선국면에서 이를 copy한 새누리당에 의해 정책 차별화는 없어지고 정작 총선 시기에는 누가 봐도 명백한 '친북 반미 어젠다'와 '거친 욕설'만 기억되어 패배했다. 2012년 대선추세 또한 정책은 사라지고 안철수 지원 여부에만 관심이 쏠리고 있다.

한미 FTA는 반대하면서 정작 기층대중에 더 피해가 올 '한중 FTA'는 왜 침묵하는지, 미국의 패권은 극렬반대 하는데 '중국의 패권'에는 왜 침묵하는지조차도 진보신영은 제대로 설명하지 못했다. 그러면서 선거가 끝난 뒤 강남 '부정선거' 운운하다 정작 자신들이 부정선거의 덫에 걸려버렸다.

진보는 입으로 말로 하는 것이 아니다. 트위터나 SNS에서는 진보가 판을 치지만, 정작 시대적 과제와 소명으로써 '진보의 디테일과 비전'은 설명하지 못한 채 진흙탕에서 헤매고 있다. 이런 진보당에 70년대 미국의 닉슨을 이야기해주고 싶다.

닉슨과 통합진보당 누가 더 진보적인가?

흔히 우리는 닉슨을 워터게이트 도청사건을 저질러 중도 하야한 미국의 형편없는 대통령으로 기억하고 있다. 또 진보진영에는 2차 대전 이후 하원의 '반미활동 조사위원회'에서 메카시와 더불어 미 행정부와 각계에 침투한 공산주의자들은 적발해낸 '매카시즘'의 주역으로 나쁘게 기억되고 있다.

그는 캘리포니아 도시의 매우 가난한 집안의 자식으로 태어나 좋지 않은 대학을 나온 당시 기준으론 철저한 비주류였다. 2차 대전을 겪고 군 제대 후 하원, 반미활동위, 상원 등을 거치며 벼락출세한 스타가 되었고 1952년에는 공화당 아이젠하워의 러닝메이트로 부통령이 되었다. 그러나 이후 60년 케네디와의 대선에서 패배하고 이어 62년 캘리포니아 주지사 선거에서도 졌다. 그러나 유능하고 성실하며 최선을 다하는 그는 68년 대선에서 당선이 되었고 72년 워터게이트 스캔들 가운데에서도 재선되었으나 74년 이 사건으로 사임했다.

그러나 잘 알려지지는 않았지만 그가 미국의 정치사회 개혁이나 동서 냉전 완화에 기여한 역할은 대공황을 극복한 루스벨트와 맞먹을 만큼 뛰어났다. 그는 30년대 뉴딜 이후 미국사회에 두 번째 '진보의 획'을 그린 사람이다.

그는 52년 부통령 당선 이후 사상 최초로 소련을 방문해 흐루쇼프와 회담하며 데탕트의 초석을 닦았다. 이후 대통령 되어서는 1969년 '닉슨 독트린'을 발표해 미국이 공격적인 세계전략은 포기할 것이고 화해협력의 세계질서를 위할 것이라고 선언했다. 1971년에는 중국과 핑퐁외교를 선보이며 북경을 방문하고 1972년에 미·중 수교를 했으며 73년에는 베트남과 파리협정을 맺어 월남전을 종전시켰다. 동·서 냉전 핵전쟁 우려와 극우적 시각이 판을 치던 당시 시대에 공화당 대통령이 이렇게 한 것은 기적에 가까운 일이다.(당시 공화당 주류는 냉전적이고 군비 및 핵 경쟁 사고에서 벗어나지 못했다.)

경제에서도 물가와 실업해결에 성공했고 1945년 이후 '브레턴우즈 체제'를 해제하는 '금태환 포기선언'을 발표했고 또 냉전 시 방만해진 국방예산을 삭감하고 복지 예산을 늘렸으며 공교육, 인권 개선에도 업적을 보였다.

구체적으로 그는 정부의 역할을 강화시켜 공민권 개선뿐 아니라 사회복지 프로그램(저소득 의료보장, 노인의료보험)에서 소비자 보호, 환경보전에 이르기까지 광범위한 업적을 보였다. 뉴딜 이후 정부의 재정 지출이 가장 급속히 늘어난 것은 닉슨 때였다. 그는 '식권 지원 프로그램 도입'과 '사회보장 연금'을 대규모로 확대했고 '노령부조 제도'를 확장하여 정부가 전액 부담하는 '생활보조 프로그램'으로 전환했다.

또 정부규제 정책의 대규모 확대를 추진해 70년에 '환경보호국',

'산업안전보호국', '국가교통안전국' 등 수많은 조직을 차례로 만들었다. 72년에 '소비자 제품 안전위원회', 73년에 '광산안전보건국' 등 수많은 사회개혁과 진보에 필요한 조직을 기득권의 저항을 뚫고 차례로 만들었다. 대통령직에서 쫓겨나기 며칠 전까지 '근로자 퇴직소득 보장법'의 통과에 노력했고 후임자 포드가 그가 만들어 놓은 법에 서명했다. 이런 규제와 법이 이후 노동자, 저소득층, 고령층 등에 얼마나 많은 도움이 되었는지 모른다.

그는 의회에 대해서도 인종, 문화, 범죄 등의 현안과 관련 민주당 중도파 의원에 손을 내밀었고 정부가 시장의 관리감독에 권력을 사용해야 한다는 확신을 보여줬다. 그의 당시 행보는 유럽의 열렬한 사민주의자에 결코 못지않았다. 그는 대선 경쟁자인 민주당 맥거번의 '빈곤층 연간수입 보장 법안'도 도입했고 2009년 오바마의 의료개혁 법안보다 훨씬 나은 '의료보험법안'을 야당에 제시하기도 했다. 그는 미국 거대노조인 AFL-CLO와의 관계도 개선했고 진보적 사회정책가들도 등용했다. 또 하야에 임박해서 과거 그가 반대했던 야당이 제안한 법안에 서명 동의해주고 물러났다.

이후 들어선 카터는 우리의 생각과는 반대로 부자를 위해 자본소득세를 인하해주고 봉급생활자를 압박하는 급여소득세를 인상하며 오히려 규제 완화에 힘쓰다 역대 최악의 대통령으로 꼽히며 재선에 실패했다. 그리고 이후 레이건의 신자유주의 시대가 본격화되었다.

닉슨이 직접 지시하지도 않은 '워터게이트' 사건으로 하야까지 당한 것은 미국 사회의 기득권층인 다국적 기업, 방산기업, 군부 등의 견제가 있었기 때문이다. 그리고 '모나한', '키신저' 등 진보적 비주류를 등용함으로써 동부 상류층 지식인과 언론의 눈 밖에 난 탓도 컸다.(그는 재선 당시, 워터게이트 사건 직전, 19%나 앞서 있었다.)

나는 닉슨이야말로 동서냉전을 데탕트로 이끌고 1930년대 루스벨트의 뉴딜 정책 이후 미국사회의 실질적 진보를 구체적 정책으로 실현한 위대하고 진정 진보적인 인물이라 생각한다. 물론 그는 음모적이고 불안해하는 성격과 출신 성분의 콤플렉스 등 인간적 약점은 있었다. 그러나 정치는 인성이 아니라 결과로 말한다.

60년대 말, 70년대 초 당시 냉전과 베트남전이 휩쓸던 미국사회와 공화당의 분위기에서 이토록 과감한 개혁을 한 닉슨은 진보는 입으로 하는 것이 아니라는 것을 보여주었다. 닉슨은 말이 아닌 성실과 근면으로 '역사적 소명으로 실천한 진보의 본질'을 보여주었다.

오늘날 한국의 진보정당이 당면한 과제는 패거리적, 교조적 분파주의가 아니고 구체적 contents와 vision에 기반을 둔 실천이다. 어려운 시대에 원내 진보정당으로서 국회의 한 부분을 차지하고 앉았다면 역사와 시대에 대한 책임을 느껴야 한다.

'입 진보' 그만 보고 싶다

보수언론의 지적대로 NL 주사파, 종북세력이 존재한다면 NL 노선에 기반을 둔 별도의 '민족사회주의 좌파 이념정당'을 떳떳이 표방하고 국민의 심판을 받아야 한다.(참고로 나는 국가보안법을 폐지해 친북

정당은 표로써 심판을 받아야 한다고 생각한다.) 뻐꾸기도 아니고 남의 둥지에 알을 낳고 차지하려는 것은 진보가 아니다.

또 평등파와 국참파의 심상정, 노회찬, 유시민 등은 정당과 정치를 하는 궁극적 이유와 목적이 이념과 노선의 실천인지 아니면 자리와 의회입성인지 분명히 해야 한다.

나는 정치와 정당의 목적은 이념, 철학, 노선을 당당히 내걸고 조금이라도 노선이 다르면 노선투쟁을 하다 헤어져야 하는 것이 맞지 적당히 비빔밥, 짬뽕처럼 섞여가는 것은 아니라고 본다. 야권연대도 진보연대도 모든 것이 정치적 이념, 정강 정책, 철학이 우선 되어야 한다. 민주와 진보가 1차로 나눠 먹고 또 2차로 내부에서 나누어 먹다가 싸움이 나서 이런 꼴이 난 것 아닌가? 이런 식의 나눠 먹기, 막가자식 연대는 진보신당, 녹색당 등 선명한 노선의 소수 진보정당의 앞길조차 막아서는 것이 된다.

또 이것은 비정규직, 실업청년, 소사업농사, 노령민곤층 등 진보정당을 필요로 하는 기층 대중에 대한 예의도 아닌 것이다.(전교조, 민노총 산하 정규직 노조 등은 정치적 정당적 배경 없이도 살아남을 조직이라 굳이 진보정당이 필요한지 의문이다.)

안철수가 본격 등장하니 진보당을 포함한 야권연대는 종속적, 부차적이 되고 안과 민주당과의 연대가 우선순위가 되어버렸다. 민주당 내에서도 잡음이 일고 총선패배 원인의 일단을 제공한 진보당과의 연대에 대해 거부감마저 나온다고 한다.

통합진보당은 닉슨이 미국사회에 남겨놓은 업적을 보면서 무엇이 우선해야 할 일이고 무엇이 하지 말아야 할 일인지, 진정한 진보는 무엇인지 느껴야 한다. 왜 12년 이상 해온 진보정당이 당내 패권과 북한의식 때문에 사업가 안철수 하나보다 평가절하되어야 하는가.

  닉슨은 퇴임 후 세상이 모두 그를 조롱하고 외면하며 알아주지 않아도 자부심 속에 외로이 살다 갔다고 한다. 그러나 한국의 진보당은 아무것도 않고도 명분, 자리, 조직 등 너무나 많은 것을 누려왔다. 그리고 서로 더 가지겠다고 다투다 사단이 났고 기다렸다는 듯이 달려들어 회를 치는 보수세력에 난도질을 당했다.

  통합진보당 사태는 '진보의 정체성'과 '진보의 비전'이 무엇인지를 고민하는 정공법으로 해결되어야 한다. 나가면 배고프고 그래서 들어와 무조건 합쳐보니 이 꼴이고, 배지는 달고 싶고, 이런 틀 수준에서 고민하는 것은 결코 진보가 아니다.

  뭘 고민하는가?

  내가 보기엔 기득권의 저항에 밀려 오욕을 쓰고 쫓겨나긴 했지만 화끈한 개혁으로 진보의 나아갈 길을 보여준 70년대 닉슨이 21세기 한국 통합진보당이나 민주통합당보다 훨씬 낫다. 얼마나 오래 해 먹는가가 아니라 죽어서 역사에 무엇을 남기고 무엇으로 기억될 것인가를 생각해야 한다.

  '입 진보' 그만 보고 싶다.

곽노현, 원칙과 정의를 우습게 알았는가

곽노현은 전면 무료급식이라는 아이콘을 확산시켜 지난 2여 년간 우리 사회의 보편적 복지 논쟁을 주도해 온 장본인이다.

앞에서도 언급했듯 무상급식 반대세력은 무상급식에서 확산된 복지 논쟁이 대선·총선 과정을 거치며 사회 전반의 '보편적 복지 정책화'로 번지는 것을 두려워했다. 이 때문에 그깟 얼마 되지 않는 애들 급식비 좀 내더라도 더이상의 보편적 복지 전선 확대를 막으려 주민투표에 전선을 형성하여 총 집결한 것이다.

곽노현은 이들에게 중요한 논리적 명분을 제공했다.

이들은 진보개혁 진영, 야권의 부도덕성이나 부패가 드러날 때마다 속으로 '니들도 우리와 다를 바 없으면서 겉으로 깨끗한 체 했냐'는 쾌감을 느낀다. 그리고 청문회 등에서 야권이 여권 후보를 질타할 때 마치 자기 일인 양 안타까워하며 위장전입, 부동산 투기, 탈세, 병역면제 등에 대해 저들도 털면 똑같다고 언급하곤 한다. 이러한 문제는 과거 개혁을 표방한 정권들이 기득권의 저항에 밀려 좌초한 주요 원인이기도 하다.

과거 3번의 문민정권을 겪으면서 한국사회의 부패한 재벌과 기득권층은 나름대로 정권의 운영시스템과 모순을 꿰뚫고 있다. 그들은 정권의 약한 고리를 잘 알고 있고 개혁과 참여를 운운하며 깨끗한 척 해도 '결국 돈 앞에 누구도 예외 없이 약하더라'는 나름의 개똥철학을 터득하였다. 그들의 시각에서 보면 정권, 지자체, 교육감 등은 '거대한 이권사업체'이다.

그들에게 정치란 좌·우 이념과 관계없이 엘리트 집단들이 패거리를 나누어 큰 밥그릇을 차지하기 위해 서로 피 터지게 싸우는 것을 의미한다. 결국 승리한 자가 전리품으로 모든 것을 가지게 되고(Winner takes it all) 나머지 이념과 철학, 정책논쟁은 가식과 허위라고 보는 것이다. 과거 몇 차례의 개혁정부들이 재벌과 수구세력에 포획되면서 이것은 그들의 확신이 되었다.

그런 관점에서 이 사회 수구세력은 지난번 교육감 선거의 '진보세력 단일화과정'을 예의주시했을 것이고 축적된 노하우로 단일화 결탁, 담합 증거를 포착하였다. 드디어 기회가 온 것이고 작전은 시작되었으며 시점은 주민투표 이후였다.

오세훈을 '반복지 포퓰리즘'의 전사로 내보내 투쟁전선에 세우고 기득권세력을 결집하고 오래전에 걸린 간첩단도 준비시켰다. 그리고 어버이연합, 조갑제, 수구 목사 등을 총동원해 좌·우 복지포퓰리즘 대결을 유도했다. 결과는 25.7%가 결집되었고 이 정도면 성공이라는 확신을 한 오세훈은 복지 포퓰리즘 운운하며 사퇴했다. 이후 수구 목사들의 극우정당 창당이 있었고, 왕재산 간첩단 발표와 더불어 마침내 곽노현 단일화 의혹이 터졌던 것이다.

여기서 우리가 명심해야 할 것은 '괴물과 싸우는 사람은 이 과정에서 괴물이 되지 않도록 조심해야 한다.' '만일 네가 오랫동안 심연을 들여다보고 있으면 심연도 네 안으로 들어가 너를 들여다본다.'라는 프리드리히 니체가 《선악의 저편》에서 언급한 교훈이다. 우리는 MB

와 수구세력을 이기고 극복하기 위해 온갖 노력을 한다. 이 과정에서 명분만 옳으면 수단과 방법을 가리지 않고 싸워 이겨도 정당하다는 진보개혁진영 스스로의 우월한 자의식이 문제이다.

'진보'와 '개혁'은 타고난 훈장이 아니다. 수구 부패와의 투쟁에서 스스로를 지켜내야 할 자기 정화용 '명찰'이다. 진보와 개혁은 필연적으로 도덕적 우월성을 기반으로 해야 한다. 특히 MB 정권처럼 거대한 괴물과 싸울 때는 더더욱 그러하다. 곽노현 사건은 오히려 MB가 개혁진영에 던져준 예방주사이자 도덕적 가이드라인으로 생각해야 한다. 분통만 터트리기보다, 우리 편이라고 무조건 옹호하기보다, 괴물의 꼼수를 비난하기보다, 자신을 먼저 되돌아봐야 할 시점이다.

실천하는 자가 진보정치인이다

진보는 말이 아닌 행동이다

정동영 전 의원이 한때 무섭게 변했다. 그는 지난 2007년 대선에서 참패하고 무소속으로 고향에 출마하면서 사실상 한물간 정치인이 되었고 다시는 대선에서 기회를 엿보기 어려운 것처럼 보였다. 그러나 최근 부유세 도입, 역동적 복지국가 건설 등의 주장에 앞장서면서 그의 변화가 궁금했다.

사실 나는 정동영 의원과 같은 정당에서 정치한 적이 있고, 한때 개인적으로 매우 가까웠으나 견해 차이와 오해가 있었고 그와 소원해진 사이이며 10년쯤 서로 보지 못했다.

보통 정치인은 한번 망가지면 무리수를 두며 악수를 거듭하다 추태를 보이며 사라지는 것이 대부분이나, 그러나 정 의원은 민주당 내에서 비주류와 소수파로 전락하고 있는 와중에서도 부유세 도입을 주장하고 역동적 복지를 강조했다. 그가 지난해 복지토론회에서 발표한 내용을 보면 그 자신이 매우 긍정적인 변화를 한 것으로 보인다.

그는 이 토론회에서 조세, 재정, 복지, 노동, 재벌개혁 다섯 가지 과제를 설정하고 부유세 도입 근거로 GNP 27% 달하는 지하경제를 절반으로 줄여 세금 20조를 거두는 조세정의 확립을 주장했다.

GNP 1,170조에서 세금 82%가 나오는데 부동산 7,500조에서 세금 18%가 나오는 모순을 주장했으며, 따라서 자산 30억에서 초과하는 1억 원당 100만 원의 부유세 부과를 주장했다. 현재 한국 조세의 가장 큰 문제가 부동산과 자산소득(증권) 등에 대한 과세의 미비임을 고려할 때 매우 합리적 주장이며 근본적 문제 인식을 한 것이다. 보편적 복지의 5개년 계획을 세워 3차까지 15년 동안 달성한다는 견해 또한 현실적 대안으로 보인다. 그는 매우 과학적이고 정연한 고민을 했다.

그러나 그는 지난 총선에서의 낙선과 대선 불출마 이후 침묵 모드로 돌아갔다. 자신이 한때 했던 이런 행동들과 말이 정치적 목적 때문이 아니라면 그는 자신의 일관성을 보여줘야 할 책임이 있다.

진보는 가치에 대한 실천에서 나온다

한국 사회에는 과거 운동경력을 바탕으로 진보, 개혁을 외치면서 정치 장사에 여기저기 기웃거리거나 몸값 불리기 게임에 열중하는 자칭 진보정치인이 많다. 강남 좌파 운운하며 생김새나 옷맵시를 강조해 여성지에나 나올법한 화보 촬영을 하며 몸값 올리는 스타도 있고 이를 부추겨 장사하는 진보 언론인들도 있다. 소위 '강남 좌파'라 불리는 세력은 분당 재보선에서 화이트칼라 역할에 대한 중요성을 환기시키는데 성공했고 중산층 샐러리맨을 잡아야 한다는 논리를 확산해 갔다.

결국 중산층의 이해와 비위를 맞추는 중도노선 강화 내지 우클릭으로 연결되고 최종적으로 부동산이나 주식 투기 부추기기로 결론 난다. 물론 강남 좌파 자신 또한 부르주아 중산층 이상이다.

또 진보정치 평론가를 자처하며 연예인 일상사에 멘트나 달면서 정작 재벌이나 MB 정권비리에 대해선 제대로 말 못하는 작자는 널렸다.(설사 해도 매우 어설프게 한다.) 그리고 이들 누구도 반대여론이 두려워 부유세 등을 제대로 말하지 않고 현실론을 떠벌이고 있다.

이들의 공통점은 대북문제는 무조건 좌 편향이라는 것이고, 무료급식과 반값등록금과 같은 문제는 근본적 해결을 위한 구체적 실행 없이 비분강개하며 한 놈만 패는 식의 말장난을 한다는 것이다. 그리고 과거 집착형 유훈 정치에 대해서는 성역으로 간주하며, 말도 안 되는 견강부회한 논리로 미화하고 확산시키며 숭배한다. 그리고 신드롬을 만들어낸다. 그러면서 언론문화 권력을 통해 황당한 발언을 떠벌이며 권력지분과 지지도나 올린다.

이런 측면에서 볼 때 정동영은 현실적인 유불리를 떠나 자신의 주장을 용기 있게 말하는, 장기적으로 볼 때 가장 진보적 성찰을 한 정치인으로 기억될 것으로 보인다. 앞서 언급한 이들보다 훨씬 정직하고 훌륭하다. 정동영의 직선적, 논리적 정치행위가 옳으며 매우 보기 좋다. 진보는 이미지와 말의 성찬이 아닌 가치에 대한 실천에서 나온다.

야권은 정권 비리 청산 의지가 있는가

여야의 차이는 비리 정도의 차이

현시점에서 가장 중요한 비리의혹들의 책임은 MB 정권에 있으나 야권 또한 이에서 자유롭지 못하다. 야권이 이를 갈고 있는 BBK 진상규명은 솔직히 말하면 노 대통령이 집권하던 2007년 대선 직전 검찰이 무혐의 처리하지 않았는가? 그래서 야권은 이 문제에 대해 자유롭지 못하다. 현 야권 집권 시에도 바다이야기, 저축은행 부실, 자원비리의혹, 부동산시행 관련 비리, 재벌유착 등 온갖 의혹이 등장했었다.

어떻든 BBK를 비롯한 갖은 썩은 냄새가 나는 의혹에 대해 특검이나 국정조사를 하자면 야권의 힘만으로는 현실적으로 불가능하다. 나아가 야당이 집권한다고 한들 정치보복 운운하며 관대해져 버리기 십상이고, 눈앞의 떡에 관심이 있지 실속 없는 과거 청산에 집중하지 않을 것이라고 본다. 겨우 전 정권 대표인사 2~3명 감방 가고 끝나는 것이 한국식 정권비리 청산이다. 나는 말로는 기성정치 청산, 상식과 비상식 운운하면서 비리를 일상적으로 저지르는 최고 권력에 대해선 정작 침묵하는 사람은 믿지 않는다.

단지 집권을 위해 비리의혹 청산을 주장하다 막상 집권하고 나면 자신부터 똑같은 일을 저지르는 인물들이 아직도 정치 일선에서 '의혹규명, 비리청산' 운운하고 있지 않는가? 이들은 정권 비리를 확보해 손에 쥐고도 과거 자신의 비리와 big deal 하려는 안전판으로 사용하려 하지 절대 공개하지는 않는다. 순진한 국민은 모르지만 비리 정권핵심은 전 정권의 비리와 야당의 비리를 모두 조사해 손에 쥐고 자신들의 비리와 맞바꾸려 한다. 그래서 집권하면 사정기관 장악과 정보취득에 목을 매는 것이다.

나는 정치인에 있어 여야의 차이는 비리 정도의 차이라고 생각한다. 따라서 현재 MB 정권 청산을 둘러싸고 벌어지는 물밑 방해공작에 국민이 놀아나서는 안 된다. 여·야당의 단기적 정치적 승리보다 더 중요한 것은 정치개혁이고 국민의 승리이다.

5부

선거와 정치개혁

사회분위기는 경제민주화와 정치개혁을 외치지만 실상은 경제민주화와 재벌개혁을 주장할 만한 깨끗한 인물이 없다. 그런 깨끗한 정치인은 이상의 복잡다단한 고비용 정치구조 속에서 버텨낼 기본재력이 있을 리 없기 때문이다. 경제민주화를 수행할 만한 사람이 공천되지 않는 것이 아니라 그럴만한 사람은 아예 정치권에 버틸 수도 없다는 것이 현행 선거구조의 비극이다. 고위관료, 법조인, 재력가, 교수, 떼거리로 몰려다니는 정치꾼, 스폰서가 든든한 사람 외에는 정치하기 어려운 것이 지금의 현실이다.

- 한국 정치는 과연 개혁되고 있는가? 中에서

최시중과 선거 여론조사

여론조사, 대선을 결정하다

양재동 파이시티 시행사 브로커로부터 거액을 수수한 것으로 알려진 최시중 전 방송통신위원장이 2011년 4월 '역린'을 건드리고 나섰다. '역린'이란 용의 턱밑에 거꾸로 박힌 비늘을 의미하며 사전적 해석은 최고 통치자의 치명적 약점을 건드리는 것을 말한다.

지난 '파이시티' 시행사업 인허가와 관련해 법원의 파산부에서 약 1,000억가량이 지출용도가 불분명하다는 재판이 진행되었다. 지난 2003년 이 모 사장이 인수한 이 사업이 인허가로 고전하다 2009년 인허가가 났으니 결국 그간의 비용을 감당하지 못하여 부도가 났고, 이제 포스코 등에 사업이 넘어갈 위기에 놓이자 원 시행자 측에서 분노하여 모든 사실을 폭로하기 시작한 것으로 보인다.

이 점에 있어서는 거액의 선급금환수보증을 정권에서 받고도 파산해 회사를 뺏겼다는 SLS 이국철 사장과 흡사하다. 공교롭게 이 사업에도 포스코, 매쿼리 등이 인수대상자로 거론되었거나 거론되고 있다.

　양재동 파이시티는 강남 내의 연건평 25만 평가량 되는 규모에 백화점, 쇼핑몰, 오피스타운, 물류센터가 건설되는 초대형 이권 사업으로 실제 얼마나 상업성이 높은 용도로 허가를 받아내는가가 관건이라 그 인허가가 5년 정도 걸린 것으로 알려졌다.

　이 과정에서 전 재산을 털어 이 사업에 뛰어든 사업자는 거액을 인허가 로비 자금으로 썼고 결국 인허가를 받아내었다. 그러나 무리한 사업확장으로 파산한 뒤 파산관리인 측과 법적 분쟁을 해오다가 사업이 결국 포스코와 우리은행 측으로 넘어가게 되었다. 원시행사 사장은 권력층이 자기 사업을 탈취한 것으로 생각했고 반격에 나서며 각종 비리를 폭로한 것으로 보인다. 항상 도와주고 엮어놓고 끝이 좋지 않은 MB 정권의 행내가 SLS, 민간인 사찰에 이어 또 터져 나온 것이었다.

　최시중 전 방송위원장이 "받긴 받았고, 지난 대선 때 '여론조사' 등의 용도로 썼다"고 말한 것은 매우 의미심장하다.

　지난 2002년 노 대통령-MJ 간 여론조사 방식에 의한 후보 단일화로 사실상 대통령이 결정된 뒤 여론조사에 의한 후보결정은 대세가 되어왔다. 2007년 새누리당 대선후보 경선 또한 20%의 여론조사를 80%의 대의원, 당원, 일반 국민(18만 9,000명) 직접투표와 함께 실시했다.

　3가지 형태의 직접 투표에서는 박근혜 측이 근소하게 이겼으나 여론조사 결과 조사자 1명을 6표로 계산하는 방식 때문에 MB가 한나라 대선후보로 결정되었고 당내 경선 승리가 사실상 대통령 당선 확정과 마찬가지가 되었다. 2012년 대선 또한 다르지 않다. 안철수 후보가 비록 양보하는 모양새를 취하긴 했지만 실은 출마선언 후 단일화 과정에서 보여온 실망스런 모습에 지지도는 떨어지기 시작했고 매일매일의 여론조사 결과는 그를 수시로 압박했을 것이다.

아무튼, 동아일보 간부, 갤럽 회장 출신이며 SD와 가까운 최시중은 지역 연고 등으로 일찌감치 MB를 대선후보로 점 찍었고, 한나라당 내 조직이 거의 전무한 MB를 자신이 언론사와 여론조사 회사 등을 커버하며 대통령 후보로 만들어 낸 것이다.

2006년 10월 북한의 핵 실험 이후 시장에서 사퇴한 MB의 지지가 갑자기 폭등한 뒤 2007년 8월 중순부터 대선 경선까지 지속적으로 여론조사 우위를 유지해 온 것은 '여론은 반영되는 것이 아니라 만들어가는 것이다'를 몸소 실천해 언론사, 여론조사 회사 등을 작업해 온 최시중의 역할이 결정적이었다.

사실 2007년 대선후보 최종 경선 결과를 놓고 보면 박근혜가 MB에 절대 뒤지지 않았고 대의원, 당원, 일반 국민 등의 여론에서 근소한 우위에 있었는데 여론조사 등에서는 대선 직전까지도 15~10% 이상의 격차로 박근혜가 계속 지고 있는 것으로 나왔다. 들리는 이야기로는 당시 여론조사에서의 승리는 여론조사의 본질을 꿰뚫고 있던 최시중의 역할과 조언이 컸다고 한다. 결국 이 여론조사 샘플 몇백 개가 대통령의 방향을 바꾼 것이다.

당시 나는 해외 전문가로부터 '박근혜 측이 결코 지지 않고 있는 것으로 보이지만 불리한 여론조사의 결과를 자신들이 스스로 믿고 있기에 근소하게 질 것으로 보인다'는 말을 들었다. '역방향의 밴드웨건 효과'가 박 캠프 내부에 작용한 것이다. 주요 언론사 간부와 여론조사 회사에 대한 작업(?)은 인맥, 정보, 네트워크와 자금이 있어야 가능하지 아무나 할 수 있는 것이 아니다. 최시중의 이러한 특수역할 수행에는 당연히 엄청난 자금이 소요되었을 것이다.

당시 여의도 국회 앞에 있던 최시중의 사무실은 언론사와 여론조사회사 간부들로 문전성시를 이뤘고 이들이 이렇게 몰려든 것은 MB의 당선 가능성도 있었지만 이들의 생리를 읽고 기름 치는데 능숙한 최시중의 역할이 결정적이었다. 반면 박 캠프는 언론을 다룰 줄도 모르고 승리를 확신하는 이도 없었고, 기름칠 줄도 모르는 여론조사에 관해선 아마추어 집단에 불과했다.

역린을 건드릴 수 있을까

2002년에 이어 2007년에도 여론조사라는 정치공학이 대선후보를 결정했다. 《독재자의 핸드북》이라는 책을 보면 대의민주주의 체제에서 대선후보나 주요 대표자의 결정방식이 소수의 영향에 의해 좌우되는 방식이 될수록 비민주적이며 정치공작이 쉽다고 나와 있다. 좌우간 최시중에 의해 주요언론사 간부, 여론조사 회사 등이 적절히 관리되며 이들 소수에 의해 조성된 여론이 한국의 대선후보를 사실상 결정짓는 역할을 했음은 틀림없다.

　나는 이것이 직접 민주주의의 왜곡이고 비민주적인 정치공학적 꼼수라고 생각한다. 당시 박근혜 비대위원장 측에서 최시중에 대해 즉각적으로 철저한 조사를 해야 한다고 했던 것은 이런 과정에서 쌓였던 '한' 때문이라고 생각한다.

　지난 2008년 2월 초대 개각 때에 최시중은 정보기관장으로 거론되었지만 본인의 전공을 살려(?) 결국 방통위원장이 되었다. 이 자리도 방송통신 통합, 종편허가 미디어법 등으로 막강했지만 애초 최시중의 기대에는 미치지 못했을 것이다. 그는 자신이 MB의 창업 1등 공신으로 동업자라고 생각했을 것이다.

　MB 정권 들어 빵에 간 측근들은 사실상 측근이라 부르기에 비중이 떨어지는 경량급들이 많다. 얼마 전 진짜 실세 한 명이 검찰 조사와 소환이 예고되자 언론과의 인터뷰를 요청했다가 스스로 철회했다는 이야기도 들렸다. 내가 보기에 형님과 핵심 측근들 모두는 자신이 창업 공신이자 대주주들이라 생각하고 있고 누구도 순순히 들어갈 사람은 없을 것으로 보인다.

　최시중은 지난번 양아들(?) 정모 사건으로 방통위원장에서 물러난 뒤 자신에 날아올 이런저런 화살을 생각해 봤을 것이다. 어떻게 하는 것이 자신의 최선인지 고민했을 것이다. 동남아에서 들어오겠다고 했던 양아들은 들어오지 않았고 자신을 향한 구설수는 뭉개 뭉개 피어나자 그는 결국 '여론조사에 받은 돈을 썼다'는 최후의 카드를 뽑아드는 것으로 보인다.

이는 단순히 용도를 말한 것뿐만 아니라 지난 대선 경선 당시 자신이 수행한 특수작업과 그곳에 투입된 cost를 언급한 것으로 보인다. 이 뇌관이 열리면 폭발력은 역대 최강이 될 것이었고 최시중이 자폭을 각오하고 언론사, 여론조사에 수행했던 구체적 내용과 operation을 깔 경우 정권이 입을 데미지는 상상할 수 없었을 것이다.

　나는 정치권에서 최고 통치자의 약점 즉 '역린'을 건드리다 성공한 사람은 별로 본 적이 없다. 처음에는 혼자 안 죽겠다고 협박하다 결국은 지 혼자 goal in 하는 게 권력의 생리다. 그러나 최시중은 다르다고 생각한다. 그는 최고 학부 출신에 이 정권의 주요 대주주였고 언론과 정치의 생리를 연구하여 상업화하는 한국 최고의 여론조사 회사 사장으로서 권력작용 메커니즘을 잘 아는 인물이다. 최시중 건을 보며 이 정권이 엄청난 노하우와 장기를 갖추고도 뒷마무리에 매우 취약하며 결국 이것이 MB 정권의 치명적 약점으로 작용하리라는 것을 느꼈다. 이해 결사체 정권의 한계인가?

2012년 대선 향배, 검증과 위선에 달려있다

정치시즌의 명분 없는 사람들

올해 초 유행했던 한국영화의 한 장면 중 조폭 보스끼리 상대진영이 운영하는 술집을 뺏기 위해 이야기하는 대목이 있었다. 그 대목에서 기억에 남는 것은 '명분이 있어야지, 명분이!'라는 대사였다. 나는 이 장면에서 웃음을 터뜨렸는데 조폭끼리 패거리 싸움을 이야기할 때에도 명분을 들먹이는 부분이 어딘지 우스웠기 때문이었다.

한미FTA를 둘러싼 여야의 논쟁에서 '한미FTA폐기' 목소리를 높였던 야권이 이후 재협상 쪽으로 목소리를 낮춘 것도 결국 한미FTA를 처음 관철했던 '명분'에서 밀리기 때문이다. 오히려 당시의 한미FTA 추진이 잘못되었다고 공식적으로 사과했다면 '폐기'를 주장할 명분이 생겼을지 모른다.

경제민주화와 재벌개혁이라는 시대적 명분에 재벌들이 크게 저항하지 못하는 것 또한 '선성장 후배분'라는 '낙수 효과'의 명분을 상실했기 때문이다. 80년대 이후 세계를 지배했던 신자유주의가 지금은 숨을 죽이고 있다. 이유는 경제를 시장에 자유로이 맡겼을 때 어떤 일이 일어나는지를 2008년 금융위기와 유럽의 재정위기가 구체적 사례로 보여줬기 때문이다.

이때 명분이라는 것은 자기가 정하는 것이 아니라 국민 다수가 인정해야 한다는데 의미가 있다. 예를 들어 평창올림픽 부지 근처에 유치 전후 재벌이 땅을 사놓고 이를 정상적, 우연한 투자라고 우기면 그 명분은 사라진다. 정치의 시즌에 각 진영이 내거는 명분 중에도 잠깐은 국민을 속여도 오래 속이지 못하는 것들이 많이 있다.

4대강 반대를 외치며 총리에 취임했던 한 분은 종편 TV에 나와 안철수 원장과의 연대를 언급했다. 그가 아무리 '동반성장과 자영업자, 중소기업 보호'를 외쳐도 그는 이미 4대강으로 대중적 명분을 상실했다.

강용석은 이야기하는 부분 중에 맞는 부분이 많이 있지만 이 모든 것이 그가 성희롱 발언으로 망가진 뒤에야 나온 '노이즈 마케팅'의 일환이기에 명분이 부족했다. 더 나아가 그는 곽노현, 안철수, 박원순 등에게 무차별 난사를 했지만 정작 '자신이 지은 죄보다 더 심한 대가'를 받게 만든 최고 권력자에 대해서는 침묵했다.

내가 안철수 원장의 정치 행보나 BW에 대해 거론한 것도 그가 줄곧 '상식과 비상식'을 말했기 때문에 그가 말하는 '상식의 명분'을 짚어보기 위해서이다. 내가 BW 발행과 관련 장외거래가에 대해 즉각적으로 공개하지 않았던 것 또한 안철수 연구소가 스스로 명분을 세워 정리해주기를 기다렸기 때문이다.

하지만 당시 안 원장 측이 '장외 거래 자체가 "아예" 없었다. 있으면 공개해야지 왜 공개를 하지 않고 말로만 그러느냐? 증거가 없는 거 아니냐?'고 나오면서 나도 장외 거래가를 공개할 명분이 생긴 것이다. 안철수 후보가 굳이 국민을 위해 상식의 정치를 하겠다고 나서면서 나에게는 그것을 검증할 명분이 생긴 것이다. 내가 강용석처럼 이왕 버린 몸 시끄럽게 나가 유명세나 얻자고 그러는 것은 아니다.

스스로는 살아온 과정이 떳떳하지 못하면서 사람들에게 '집권하면 어떻게 하겠다'고 말하며 내건 명분들은 한 번도 제대로 된 적이 없다.

레임덕 없는 MB 정권

2012년 대선은 너나없이 한 치 앞도 모르겠다고 말한다.

외견상으로 박근혜 후보가 앞서 가고 있지만 보수언론조차도 불안감을 감추지 못하고 있다. 총선에서도 예상외의 압승을 거뒀고 지난 3월 이후 압도적 우위를 구축하고 있음에도 언론도, 여론조사 기관도, 정치평론가도 누구도 대선향배를 자신 있게 단언하지 못하고 있다.

정책공약이 2012년 대선의 승부를 가르지는 못할 것으로 보인다. 야권이 주요 승부수로 2~3년 전부터 내심 기대했던 '보편적 복지'와 '경제민주화' 정책은 여당 측의 적극 대응과 물타기로 희석되어 버렸고 무료급식, 무상보육 조기 시행에 따른 부작용 등으로 핵심 Key로서의 역할을 기대하기 어렵게 되어 버렸다. 과거 4대강, 행정수도 이전, 새만금 같은 '획기적 대형 공약'도 MB 정권의 토건에 대한 국민적 염증으로 무의미해졌다. 대북 정책에 있어서도 햇볕정책의 큰 기조에 여야 공약 차이가 없어지면서 국민의 무관심은 늘어났다.(이 부분은 북한의 대선 전 도발 건 외에는 변수가 되지 못하나, 이념에 민감한 야권 정치인들에겐 예민한 문제이다.)

여야는 선거전략이 매우 '실용적'으로 변모해 있어 상대의 전략이나 정책이 조금만 국민에게 인기 있다 싶으면 금방 copy 하게 된다. 표를 위해 필요하다면 정당의 색깔, 이념과 관계없이 뭣이든 하게 되어가는 풍토이다.

야권은 MB 정권의 각종 의혹과 실정, 국내외 경제위기, 양극화와 불공정의 시대정신 등 유리한 대선 핵심요소들을 지난 총선 때의 자충수로 많이 희석시켜 버렸다. 또한 국민들은 반복되는 MB 정권 의혹 처리 과정을 보면서 실망과 체념이 쌓여 더이상의 분노를 만들지도 못하고 있다. 국민의 정치권 쌍방에 대한 동반 불신이 야권의 전통적 우위를 잠식하고 있는 분위기이다. 그래서 대선의 전통적 주요 요소들의 의미가 약화되고 있다.

MB는 20명이 넘는 측근과 가족을 감방에 보내고도 건재하다. 아직 건재하니 차세대 전투기문제와 인천공항, KTX, 우리은행, 산업은행 민영화 등 숱한 알짜배기 사업을 자신의 임기 내 다 해치우려고 욕심을 낸다.

새누리 후보 입장에서는 차라리 레임덕이 와서 비틀거리면 차별화시키고 갈라서면 되는데, 아직 건재하니 그러지도 못하고 갑갑한 실정이다. 이제껏 검찰이 현직 대통령의 의지에서 벗어나 독자적 칼춤을 춘 적은 한 번도 없다. 내가 보기에는 아무리 무서운들 검찰도 결국은 공무원이며 비록 임기 말이라도 현직에 있는 대통령의 손아귀에서 벗어나지 못한다. 검찰이 대통령 가족과 측근을 구색용으로 구속한다고 해서 진정으로 검찰이 현직 대통령의 통제에서 벗어나 독자적으로 움직인다고 생각하는 것은 아마추어적 사고이다.

위선에 대한 검증이 대선을 결정한다

어느 한 쪽도 절대 유리하지 않은 구도에서 여당 후보가 현직대통령과의 차별도 불가하고, 서로 한몸이 되는 것도 불가한 상황은 심각한 딜레마가 된다. 이것은 여권 후보의 고유한 강점을 상쇄하고 장기적 불안요인을 만든다. 전통적인 대선 승부 결정 요인들이 결정적 영향을 미치지 못하는 상황에서는 대선후보에 대한 검증과 네거티브 그리고 후보의 위선의 정도가 매우 중요한 관건이 될 수 있다.

지금 국민 다수가 정치권과 대선후보를 바라보는 시각은 매우 비관적이고 부정적이다. 소수 열성지지자들의 분위기를 자신과 자기 당의 지지라 차가하면 큰코디치는 깃은 지난번 총선에서 드러났다. 통합진보당에 대한 검찰수사과정에서 민심이 '진보정당에 대한 탄압'이라는 주장에 동조하지 않은 것도 이러한 불신에 기인한다. 외견상 팟캐스트나 SNS에 수십만이 몰리고 '무슨 무슨 빠'들의 사이트에 모인

이들이 모두 자기편 같아 보이지만 어차피 특정인을 찍을 고정 지지자들만이 자가발전하고 있는 것이다.

정치에 대한 대중의 불신은 대선주자들에 대한 회의적 시각으로 연결된다. 근본 시각이 부정적이기에 대선은 '차선'이 아니라 '차악'을 고르는 게임으로 인식하고 있는 사람들이 늘어난다. 마지못해 찍어줄 바에야 조금만 흠집이 보이면 미련없이 지지를 철회하겠다는 생각을 하게 된다. 따라서 평소의 이미지와 실체가 괴리되어 위선이 보이거나, 검증 결과 도저히 이해 불가한 흠집이 발견되면 곧바로 지지를 철회하게 되는 현상이 발생하곤 한다. 사실이 아닌 네거티브라도 반복적으로 설득력 있게 전개되고 상대 측이 제대로 해명하지 못한다면 이 또한 결정적 변수가 될 수도 있는 상황이다.

2012년 대선의 승패는 여론전파력이 빠르며, 비판적 성향이 강한 수도권 젊은 층의 투표율이 그 향배를 가를 것이다.

지난 2007년 대선 투표율은 63%, 2012년 총선 투표율은 54.3%이며 이 둘 사이에 투표인 차이는 378만 명이다. 만약 이번 대선 투표율이 70%가 되면 총선 때보다 700만 명이 더 투표장에 나온다는 결과가 된다. 투표에 소극적인 사람 중에는 대체로 20~30대 젊은 층, 정치적 중도층, 냉소층들이 많다. 이들은 특정 대선후보의 위선, 검증, 네거티브의 결과에 따라 투표참가에 대한 열의가 달라질 가능성이 많다.

위선과 검증은 서로 동전의 양면처럼 맞물려 있다. 여야 후보마다 오랫동안 쌓아오고 구축해 온 '대중적 이미지'가 상당히 고착되어 있다. 안철수 원장만이 정치인으로 비교적 짧은 기간만 노출되어 이미지가 유동적이다. 이미지는 대중이 머릿속에 '누구'하면 무의식중에 곧바로 연상되는 컬러이기에 한번 고정되면 바꾸기가 매우 어렵다.

그래서 미국 대선후보들이 매번 1조 원가량을 들여 자신의 긍정적 '이미지 메이킹'과 상대에 대한 '부정적 이미지 형성'에 돈을 써대는 것이다. 오바마가 '의료보험 개혁법안', '월가 규제감독 방안', '라틴 이민규제 완화'를 매번 앵무새처럼 외치는 것도 자신이 약자와 유색인종의 대변자라는 이미지를 저소득층과 라티노, 아시안 등에게 무의식적으로 고착시키기 위한 것이다.

그런데 긍정적인 이미지의 고착 강도는 대체로 '집토끼'인 핵심지지자에서 가장 강하고 '산토끼'인 중도성향에는 약하다. 특히 수도권 20~30대는 정치에 매우 비판적이고 냉소적이라 특정후보의 이미지를 맹목적으로 수용하지 않고 오히려 거부하는 성향이 강하다. 이들은 대체로 온종일 SNS에 열중하기에 전파력과 동질성은 매우 크다. 따라서 위선, 검증, 네거티브 등에서 하나라도 걸리면 이들에 의해 한방에 갈 수 있는 위험이 큰 것이다. 정책차별이 큰 효과가 없고 각기 지지층이 공고한 여야는 결국 검증과 네거티브 및 위선 입증으로 대선을 이기려 하고 결국 그것으로 승부가 날 가능성이 크다.

현재의 대의민주주의의 한계상 검증이나 네거티브는 당연한 '정치기술'로 자리 잡았다. 국민의 정보가 제한되어 있고 선거법 제약이 많은 상황에서 이는 현대 대의민주주의제의 당연한 '통과의례'가 되고 있다. 검증과 네거티브를 한다고 비난할 수만은 없다. 문제가 없는 떳떳한 후보는 어차피 살아남는 것이다. 어야 쌍방과 '제3의 축'이 이

공세에 가세할 터인바 대선후보 모두는 누구든 어느 정도 흠집은 나게 되어 있다.

문제는 평소 언행과 이미지 그리고 삶의 방식이 검증, 폭로, 네거티브를 당하고도 용인될 수 있는 범주 안에 들어있는지가 문제다. 국민의 이해와 용인의 범주는 대선후보 당사자가 평소 대중들에 반복적으로 고착시켜온 이미지의 정도에 '반비례'할 것이다.

MB가 숱한 친인척 측근의 비리와 실정을 겪고도 생각보다 건재한 것은 그에 대한 대중의 고정된 이미지가 '부와 돈'이지 '도덕성'이 아니었기 때문이다. 그는 이미 지난 2007년 대선과정에서 나올만한 게 다 나오고도 당선이 되었다. 그에 대해 국민이 가지는 용납된 이미지의 폭은 매우 관대하다. 국민은 그에게 '위선'이라는 부문에서 '톨레랑스' 즉 관용을 보이고 있다.

지나가는 얘기지만, 최근 'MB 정권은 도덕적 정권이다'는 말을 스스로 한 적이 있는데 솔직히 관용의 범주에서 벗어난 발언이었다. 국민들도 어이없어했음은 말할 것도 없다. 그런데 이것도 '개그화'되는 바람에 생각보다 별 데미지도 없었다.

반면 평소 도덕군자인 척하거나 깨끗하고 개혁적인 양 지속해서 국민들을 세뇌시켜온 정치인들에 대해서는 '위선에 대한 인내와 허용의 범주'는 매우 협소할 것이다. 작은 흠집으로도 '위선'의 멍에를 뒤집어쓰고 한방에 갈 수 있다. 이는 우리 현대사의 역대 대통령과 정치인들에게서 이미 확인된 부분이다. 근본적 사회개혁을 위한 정책 및 패러다임 제시보다 검증, 네거티브, 위선이 결정적인 요인이 되는 사회는 불행하다. 이런 사회를 가져오고 정치에 대한 불신과 냉소, 비관이 국민의식을 지배하게 한 책임 또한 정치인들의 몫이기에 자업자득이라 할 수 있다. 그럼에도 정책의 세밀함, 완성도를 따지기보다 검증과 네거티브에 열중할 수밖에 없는 시대, 그리하여 누가 더 위선적인지 평가하는 이 시대는 정상이 아닌 정신분열증의 시대이다.

그러나 수천만이 검증과 네거티브를 지켜보고 내리는 판단은 그것이 설사 잘못되었다 한들 그것 또한 그 시대의 취향일 수밖에 없다. 이것이 그나마 안타까움으로 대선을 지켜보는 선량한 사람들이 가져야 할 조그마한 위로이다.

대선 관전 '티핑포인트 or not'

예측 불가능한 2012년 대선

캐나다 출신의 박학다식한 잡식성 작가이자 〈뉴요커〉 등의 기고가인 말콤 글래드웰은 《티핑포인트》라는 책을 쓴 바 있다. '티핑포인트'란 어느 날 갑자기 예상하지 않았던 것들이 특별한 이유 없이 폭발적인 관심과 인기를 끄는 경우가 있는데, 이러한 현상에는 일종의 법칙이 존재한다는 것이다. 이 작가는 주로 잘 알려지지 않았던 인간의 행동양식과 패턴, 예측할 수 없는 우연 같은 세상의 법칙을 주로 파고들어 책으로 써내는데 탁월한 재주가 있다. 그는 비즈니스에서 티핑포인트를 만드는 3대 변수로 소수의 법칙, 고착성, 상황의 힘 3가지를 꼽았다.

한국의 대선이나 세계 정치 무대에서도 가끔 이러한 티핑포인트가 작용하는 때가 있다.

지난 2002년 노무현 후보가 갑자기 떠오른 것 또한 정치권으로 치면 일종의 티핑포인트이다. 97년 11월경 외환위기가 터지고 IMF 체제로 가는 시점에서 사실상 최초의 여야 정권교체가 이루어진 것 또한 일종의 티핑포인트이다.

2012년 대선은 어느 때보다 많은 변수와 상황의 예측 불가함이 내정되어 있다. 그러하기에 그 시점에서 중요 요소라고 생각하고 열심히 작업(?)하고 대비하는 것이 아무런 의미가 없거나 오히려 역작용이 될 수도 있다. 반면에 전혀 영향을 미치지 않을 것이라고 보던 일들이 갑자기 확산되며 치명적 악재가 될 수도 있을 것이다.

사실 이미 잘 알려진 변수들은 예측 가능하기에 그 자체로는 티핑포인트라 볼 수 없지만, 그 변수에 대한 대응 여하에 따라 의외의 상황 반전이 올 수 있으니 이 또한 티핑포인트라 칭할 수도 있다.

예를 들어 2002년의 경우 '노 대통령-MJ 단일화'는 이미 예측이 되었기에 티핑포인트라 보기는 어려웠으나 '대선 하루 전 단일화 번복'으로 이어졌기에 결국 티핑포인트가 되었다. 지난 총선 때 민주당의 김용민 공천 또한 예상치 못한 '막말 파문'으로 이어지며 마이너스적인 티핑포인트로 작용했다. 반면 새누리 손수조의 여러 '말 바꾸기'는 티핑포인트로 보였지만 결국 찻잔의 태풍에 그쳤다. 대중의 정치권에 대한 반응과 그 확산에는 이토록 예측하기 어려운 요소가 여럿 존재한다.

정치에 대한 대중들의 성향

대중들의 성향을 아는 것은 어느 정도 대선 티핑포인트를 예측하는 데 도움이 된다. 정치권을 바라보는 대중들의 성향은 첫째로 '기획'을 싫어한다는 것이다.

지난 97년, 2002년에는 정치기획, 광고 카피 등이 처음 보는 것들이라 매우 생소하고 참신했으며 획기적이라고 생각했지만 이제 이 모든 것들에 대중은 너무나 익숙해져 있다. 따라서 어지간한 것 아니면 '기획'에 의한 감동을 가져오기 어려운 상황이다.

둘째, 대중은 정치인의 정책, 발언, 공약에서 그 내용 자체를 보고 판단하는 것이 아니라 공약, 정책 주도자의 실천의지에 대한 '진정성'을 보고 판단하는 추세이다. 지난 총선에서 여야는 각기 수백 조씩 (야권이 훨씬 많았다.) 복지공약을 하고 경제정의를 주장했다. 민주당의 복지공약이 예산 규모나 퍼주기에서 훨씬 나았으나 왜 새누리당이 총선에서 승리했을까를 보면 답이 나온다.

셋째, 대중은 '반복 재탕'을 싫어한다.

어떤 이슈가 등장했을 때 처음에는 열화 같은 피드백을 보이다가도 재탕 삼탕 되며 face-change 같은 부분 변형으로 지속될 때 대중은 곧 염증을 느낀다. 여권이 목을 매고 있고 주요 승부수로 생각하는 '이념논란'이 그것이다. 모든 이슈는 대중이 받아들일 수 있는 수용 임계점이 있다. 그 임계점을 넘어서면 역풍이 부는 것이다. 야권의 대선 단일화 과정 또한 이미 숱하게 재탕, 삼탕 되어 온 것이기에 새로운 레시피가 없다면 문제가 될 수도 있다. 또 주요 대선주자들의 이미지 또한 고착 적이어서는 문제가 될 수 있다.

넷째, 대중은 처음엔 헷갈리다 결국은 '일관성'을 중시한다.

참신하고 개혁적인 이슈나 인물이 등장하면 처음엔 폭발적인 반응이 나온다. 그러나 조금 지나면 분석하기 시작하고 '털기' 시작한다. 그 과정에서 정치인의 이율배반, 위선, 허위가 밝혀지고 신화는 깨어진다. SNS와 모바일 인터넷 등의 발달로 어지간한 사항은 며칠 안에 검증되고 확산되어진다. 따라서 정치인이 대중을 속일 수 있는 기간은 점점 짧아지고 있다.

다섯째, 대중은 확실한 '차별성'에 열광한다.

노무현 후보가 2002년 그토록 폭발적인 지지를 순식간에 얻고 지금까지 마니아층이 두터운 것은 여타 정치인과 다른 그만의 독특한 '개성과 차별성'에 기인한다. 지난해 첫 등장 이후 순식간에 지지도 1위까지 올라간 안철수 또한 기성정치인과 다른 그만의 차별성 때문이다. 그러나 이 차별성 또한 시간이 지나가면 그 진위가 가려지며 대중의 반응은 신중해지게 되어있다.

차별은 선택과 집중에서 나온다. 두루뭉술한 데서 절대 차별성이 나오지 않는다. 어리석은 정치인들은 눈앞의 표가 다 자기표인줄 알고 선택과 집중보다 '모나지 않기'에 열중한다. 과거 이회창이 3번이나 대선에 실패한 것은 어떤 부분에서도 자신의 차별성을 보여주지 못하고 그야말로 전통 여권 후보의 전형적인 모습을 보여줬기 때문이다.

여섯째, 대중은 '솔직함'을 좋아한다.

지난 6월 영국 캐머런 총리는 현재 시행되고 있는 '온정적 보수' 정신에 입각한 복지 정책으로는 영국의 재정적자, 국가부채를 탈피할 수 없다며 솔직히 국민에게 말하고 복지 축소에 나섰으며 복지대상자에게 일하는 복지를 강요하고 나섰다. 일본의 노다 총리는 천문학적인 자국의 국가부채와 재정적자를 타개하기 위한 소비세 인상을 밀어붙였고 민주당이 총선 시 공약한 무리한 복지공약 폐지에 나섰다.

캐머런은 반수가 훨씬 넘는 국민의 지지를 받고 있고 노다는 이에 반대하는 막후 공작의 맹주 오자와를 무력화시키고 국내외의 지지를 받고 있으며 조기 총선을 밀어붙여 국민의 심판을 자처하고 나섰다. 두 사람 모두 자국의 처지를 국민들에게 솔직하게 공개하는 정공법을 택했다.

대선 티핑포인트

이상의 관점에서 2012년 한국 대선에서 등장할 수 있는 티핑포인트를 구체적으로 살펴보자.

〈이념논란〉
너무나 진부하다. 두말할 필요도 없다. 이석기, 김재연을 경선부정에 의한 진보의 도덕성 문제로 대중이 비난했던 것이지 이념 때문은 아니었다. 이념은 변수가 되지 못할 가능성이 크다.

〈경제민주화〉

총선에서 새누리당에 중요한 승리 변수로 작용했다. 문제는 대선까지 기간 동안 그 진정성을 보여주는가 여부이다. 최저임금, 비정규직, 처우격차가 쉽사리 해결될 것으로 생각하는 사람은 별로 없다.

'경제 민주화가 과연 무엇인지 그 내용을 말해보라.' 하면 대답할 수 있는 국민들은 거의 없다. 경제민주화 실천을 위해 조세, 재정, 예산 문제를 구체적으로 어떻게 증감, 취사선택할 것인지 국민들에게 말하지 않고 두루뭉술하게 넘어가서는 절대 표가 얻어지지 않을 것이다. 경제 민주화가 티핑포인트가 되는 것은 이를 위한 정책의 취사선택과 솔직하고 구체적인 접근에 달린 것이다.

〈차별화〉

지금은 요리조리 잘 빠져나가고 있지만 결국 MB와의 차별화 여부가 대선의 주요 관건이 된다. 언론이 발표하는 MB 지지도가 아닌 거리에 나가 MB에 대한 여론을 직접 들어보라. MB와의 차별화 부분은 거센 티핑포인트가 되어 손쓸 수 없게 될 수도 있다. 이는 현재의 경제 상황과 엮여 부정적인 시너지 효과를 일으킬 가능성이 크다. 새누리당은 총선 이겼다고 자만하면 패가망신이다. 내가 새누리라면 차라리 총선 지는 쪽을 택했겠다. 총선은 MB에 대한 심판이 아닌 박근혜에게 기회를 한 번 더 준 것일 뿐이다. 결국 대선 승리를 위해선 차별화가 어느 정도 진행될 수밖에 없다.

〈대공황과 경제 변수〉

금융위기 이후 치러진 영국, 프랑스, 이탈리아, 스페인 등 주요 국가의 선거에서 대부분 정권교체가 이루어졌다. 한국은 세계적 차원의 경제위기에서 주범이 아니기에 거리가 멀다고 착각하면 큰코다친다. 지금 수출 대기업들은 난리도 아니다. 무역으로 먹고살고 자본이 거의 개방된 나라에서 조선, 전자, 철강, 화학, 자동차, IT 등 멀쩡한 부분이 없이 위축되고 있다. 수출, 투자, 내수가 추락하고 있고 숨겨둔 국가부채, 부동산 관련 가계부채는 이 경제위기를 더 심화시키고 있다. 보수 언론조차 다음 정권은 설거지 정권이라 하지 않는가?

기껏 머리 짜서 부동산 재부양 정책이나 내다가는 장담컨대 요단강 건너간다. 내부적 부채와 외부적 불황이 연계될 때 위기가 빅뱅이 되어 폭발할 것이다. 경제불안이 가중될수록 오히려 신뢰성이 더 중요해질 수 있다.

〈검증문제〉

박근혜든, 안철수든, 문재인이든 누구도 혹독한 검증에서 피해 갈 수는 없을 것이다. 지금 서로 니미락내미락 하고 있지만 결국 시간문제다. 대세가 불리하다고 느낀 쪽에서 먼저 치고 나오게 되어있다. 안철수 또한 절대 검증 못 피해 간다. 버티고 버티다 한두 달 뛰고 얼렁뚱땅 대권 이기는 일이 가능하다고 보지 않는다. 물론 계산상으로 10월까지 버티다가 11월 중소 야권 단일화 이기고 한 달 만 뛰면 된다고 생각했을 것이다. 그러나 검증이 피해 갈 수 있는 것이라 생각하면 큰 오산이다.

 어쨌든 이번 대선은 검증과 해부과정에서 대형 티핑포인트가 터져 나와 결판이 날 가능성이 매우 크다. 여야 정책이 거의 비슷해질 테니까 검증에 쌍방이 목을 맬 것이다. 뭔가 찝찝한 후보는 나오지 않는 것이 상책이었다.

 이상과 같이 여러 티핑포인트와 함정이 잠재된 2012년 대선은 역대 최고의 파란만장한 상황으로 전개되어갈 가능성이 크다. 이 상황을 주도하고 있는 보이지 않는 손의 역할이 다른 어떤 대선보다 크다는 점이 2012년 대선만의 특징이다.
 세상일은 항상 계획한 대로만 되는 것도 아니며, 대중의 반응 또한 계산대로 나타나는 것도 아니다. 자만하거나 몸조심하는 자부터 먼저 갈 수 있다. 잡아뗀다고 하루 이틀도 아니고 지속해서 갈 수도 없다. 국가를 어떻게 이끌어 나갈 것인가에 대한 아무런 고민도 없이 시간 나는 대로 시장통에서 악수하고 사진이나 찍는다고 될 일도 아니다.
 곳곳에 예측할 수 없는 티핑포인트가 숨어있고 이것이 지난 총선처럼 결정적 변수가 될 수도 있을 것이다. 그러나 진정한 risk management는 국민에게 솔직해지고 시대 상황을 정확히 분석하고 고민하며 과감히 자기의 주장을 펼쳐나가는 것이라 할 수 있다.

정치개혁, 깨어있자

한국 정치는 과연 개혁되고 있는가?

여·야당은 2012년 총선에서 개혁, 쇄신, 경제민주화를 내걸고 공천작업을 시작했다. 그러나 공천이 마무리되어가는 시점에서 계파공천, 편파공천 시비에 휘말리고 공천의 수단으로 사용된 여론조사, 컷오프, 모바일 경선의 공정성은 의심받았다. 결국 주고 싶은 사람에게 공천을 주고 미운 놈은 잘라내는 구실로 사용되었을 뿐이다.

공천 때마다 파벌에 따른 편파성이 끊임없이 제기되며 분란이 일고 있는데 이는 절대적 권위가 무너진 한국 정치의 과도기적 상황을 반영하는 것이라 할 수 있다. 과거 YS, DJ, JP 등 3김 시대나 그 이전 군사정권 시대에서의 공천은 정치 보스가 결정하면 그것으로 끝이었다. 따라서 공천절차는 일사불란했고 잡음도 별로 드러나지 않았다.

보스들은 국민의 시선을 의식해 항상 30% 안팎의 새 인물을 등용해 물갈이했고 돈 없고 배경 없는 신진인사들도 이 혜택에 기대어 돈까지 받으면서 정치를 시작할 수 있었다.

3김 시대가 DJ를 마지막으로 끝나고 그 이후부터 한국 정치는 풀뿌리 민주주의도 아니고 보스공천도 아닌 어정쩡한 판이 지속되었다. 정치적 성향과 파벌, 돈, 로비력, 친소관계에 의해 원칙과 기준 없이 공천이 이루어지고 있는 것이다. 현재와 같은 상황은 정치권이 내거는 '경제민주화'라는 구호와는 달리 점점 더 돈 없는 사람이 정치를 하기 어려운 구도로 가고 있다.

과거는 정치적 보스나 중앙당이 정치자금을 조달해 출마자들에게 선거비용 상당액을 지원해줬고 지구당 운영비로 매달 일정액을 내려주는 것이 관행이었다. 전당대회 때의 동원 경선과 돈 봉투 사태 또한 이때의 악습이 남아 내려온 것이다.

이후 정치개혁과 선거공영제가 사회적 명분이 되면서 외관상 정치자금은 사라진 듯 보인다. 하지만 이제는 정당과 관계없이 실세 개인의 주머니로 들어가는 형태로 변모되었을 뿐 오히려 음성적으로 더 확산되고 있다. 대신 각 정당들은 의석 비례로 막대한 국고 보조금을 받고 있고 이를 대부분 정책개발보다는 경상비로 사용하고 있다.

외관상 선거 때의 돈 봉투, 향응은 엄격한 선거법으로 사라진 듯 보인다. 하지만 그 자리를 대체한 것이 '바뀐 공천절차'와 '예비후보 활동에 따른 고비용 구조'이다. 여론조사로나 모바일 경선으로 후보를 뽑으려면 어쨌든 후보 개인의 인지도가 높아야 한다. 이는 이름을 알리기 위해 후보 스스로 여론조사를 빙자한 '자기 이름 알리기 가짜 여론조사'에 엄청난 비용을 투자해야 한다는 모순을 낳는다.

또 광주에서 사고가 난 것처럼 모바일 선거인단을 모집하는 과정에서 엄청난 돈과 조직이 동원되고 있으며 심지어 모바일 조직을 후보 간에 사고파는 일도 비일비재해지고 있다. 과거 선거 때 돈을 주고 표를 사거나 당원을 가입시키는 행태가 모바일이나 여론조사라는 새로운 방식으로 바뀌었을 뿐 고비용 구조는 지속되고 있는 것이다.

또 예비후보는 몇 달 전부터 사무실을 열어 대형 걸개그림을 걸어 놓고 직원들도 고용해야 한다. 이후 사람을 찾아다니며 이름을 알리고 각종 홍보수단을 동원해야 한다. 이런 과정에서 최대 몇억, 최소 몇천만 원씩 쓰는 것이 보통이다. 그러나 정작 공천에 중요한 것은 이런 인지도 보다 계파, 파벌, 재력에 의한 로비력이라는 사실에 다시 한 번 실망하게 된다.

결국 각 정당의 공천 기준은 사람의 능력, 자질, 청렴도, 개혁성, 경제민주화 의지가 아니라 돈, 로비, 충성도에 의해 좌우된다. 이를 희석하기 위해 가뭄에 콩 나듯 감동스토리 인물을 구색 갖추기로 등장시키기도 하지만 그들은 정작 정치·사회개혁에는 아무런 보탬이 되지 않는다.

어쨌든 이런 과정을 통과할 수 있는 인물은 기존 정치인이거나 재력 있고 먹고 사는 데 지장 없는 혹은 스폰서를 둘만 한 인물이어야 가능하다. 여기서 스폰서 또한 재력이 있는 인물에 붙지 사람의 능력만을 보고 지원하는 것은 절대 아니다.

공식적으로 각 선거구당 책정된 법정선거 비용은 2억 원 안팎이다. 이 금액 안에서 15% 이상을 득표하면 정해진 항목에 관해 전액이 보전된다. 그러나 법정 선거비용에 포함되지 않는 각종 부대경비가 숱하게 들어가기 때문에 실제로 음성적 비용 지출이 훨씬 크다.

물론 땅 짚고 헤엄치는 지역색이 짙은 지역에서 선거운동을 하는 후보자는 이보다 덜 들어가지만 대신 그는 공천을 따기까지의 입장료가 선거비용보다 훨씬 많이 들어간다. 4년 동안 후원회, 출판기념회, 지인의 지원으로 돈을 모으고 그 돈을 공천과 선거에 쓰는 것이며 일부는 자기 주머니로 들어가기도 한다. 그리고 당선하면 또 4년을 축적하여 다음 선거에 대비한다. 또한, 돈 있는 낙선자만이 또다시 4년을 버텨 승부를 할 수 있기에 정치인의 돈에 대한 탐욕은 현직이건 현직이 아니건 똑같다.

사회분위기는 경제민주화와 정치개혁을 외치지만 실상은 경제민주화와 재벌 개혁을 주장할 만한 깨끗한 인물이 없다. 그런 깨끗한 정치인은 이상의 복잡다단한 고비용 정치구조 속에서 버텨낼 기본재력이 있을 리 없기 때문이다. 경제민주화를 수행할 만한 사람이 공천되지 않는 것이 아니라 그럴만한 사람은 아예 정치권에 버틸 수도 없다는 것이 현행 선거구조의 비극이다. 고위관료, 법조인, 재력가, 교수, 떼거리로 몰려다니는 정치꾼, 스폰서가 든든한 시림 외에는 정치하기 어려운 것이 지금이 현실이다.

진영논리, 가짜 명분으로 먹고사는 정치권의 불편한 진실

한국 정치에는 몇 가지 '진영논리'와 '허울 좋은 명분'이 존재한다. 그리고 이를 중심으로 양측이 나누어지고 이들은 정치권의 주류를 형성한다.

이념, 지역, 세대, 재벌개혁(경제민주화) 그리고 복지 등의 어젠다들은 대표적 진영논리 주제이다.

첫째로 이념 문제에 있어 과거 70·80년대에는 노동자 문제와 같은 계급문제가 주 어젠다였지만 현재는 비정규직 및 파견근로, 파트타임 근로자들의 문제가 대세가 되었다. 이들에게서 나타나는 사회적 문제는 '이념문제의 주메뉴'가 되어야 함에도 마치 복지문제처럼 취급되어 계급적 이슈로 부각되지 못하고 있다. 이 대신 이념문제의 주메뉴를 차지한 것이 미국과 북한 문제이다. 한국에서 이념상 보수와 진보를 나누는 기준은 친미반북이냐 반미친북이냐에 달려있다.

좌파진보가 되려거나 개혁진영에서 정치나 활동을 하려면 반미와 용북 및 북한에 대한 무한한 관용은 필수이며 북에 대한 비판은 삼가야 한다. 야당의 공천 심사위에서 사고의 개혁성을 보기 위해 공천 신청자의 성향을 검증해 본다고 했는데 그중 중요한 부분이 한미 FTA 문제와 북한 문제 아니었겠는가? 비정규직이나 청년실업, 알바문제 등에 대한 성향을 검증한다는 이야기를 들어본 적 있는가?

이 반대편에 정확히 친미와 반북(반공)으로 먹고사는 우파, 보수, 수구 그룹들이 있다. 이들은 진보진영처럼 자생적으로 정치 조직화하지 못하고 좌·우 어젠다 대립으로 진영을 가를 필요가 있을 때 행동대로서 등장할 뿐이다.

나는 반미, 친북 또는 친미, 반북이 나쁘다고 생각하지 않으며 그렇게 생각하는 사람의 사고도 존중해야 된다는 입장이다. 그러나 전혀 다른 의제에 반미, 친북 문제를 슬그머니 끼워 넣거나 우파에 반대하는 모든 사람은 한미 FTA나 제주 강정 기지 등에 반대해야 한다는 식의 편 가르기는 모두 문제가 있다고 생각한다. 그리고 이를 통해 그들이 정치적 지분을 확보한다는데 거부감을 느낀다. 결국은 선거시기의 진영 논리 싸움이다.

어쨌든 이 구도 속에서 제1당의 주도권을 쥐는 패가 나오는 것은 분명한 사실이다. 반면 이 구도의 피해자는 신자유주의의 최대 피해자인 비정규직, 파견직, 소자영업자, 내수 소기업 등이다.

두 번째는 영호남, 충청 등 지역 문제이다.

최근 정치권은 3김 시대 이후 지역감정이 약화되어 가고 있다고 보는데 내가 볼 때 절대 그렇지 않다. 역대 대선에서 정권 심판구도가 걸린 때를 빼고는 대부분 지역구도 게임에 의해 승부가 갈렸다. 처음에는 충청을 누가 잡는가 하는 게임이다가 이제는 '호남이 지원하는 PK 후보 + 충청표 위한 획기적 공약 게임'으로 변질되고 있다.

따지고 보면 여기에도 PK, TK 간 구분을 시키기 위한 소시역 구노가 배경에 깔려있다. 따리시 호남에 여전히 접근이 불가하고 전남북을 나눌 엄두도 못 내는 현 여권이 원천적으로 불리한 구도다. 이 논리에 따라 경선에선 패했지만 한때 유력한 경선 주자였던 김두관이나 문재인, 안철수 등 야권의 후보는 죄다 PK이다.

아마 지역감정이 존재하는 한 영원히 이럴 것이며 이런 구도는 결국 특정 정치꾼들을 온존케 하는 서식지가 된다.

셋째, 요즘 대세를 가르는 것은 2040세대 문제이다.

특히 20~30대는 세대의 특성상 일자리, 결혼, 주택, 자녀교육에서 기본적으로 피해를 볼 수밖에 없는 위치이며 이러한 피해의식이 디지털 모바일 기기와 결합해 트윗에서 폭발하고 있다. 이들은 과거 486세대 때와는 달리 냉소적이고 극단적 진영논리를 표출함으로써 야권과 진보진영의 의제를 주도하고 있다.

현재 여권의 인식 수준으로는 이들을 포용하고 지지하기는 불가능할 것으로 보인다. 여권뿐만 아니라 기존 정치권 누구도 2030세대 문제의 근원적 해결 방안을 제시하지 않은 채 분노만 이용하고 있다는 점도 문제이다.

넷째, 재벌개혁, 경제민주화 및 복지 문제이다.

이 문제는 양측이 모두 일찌감치 위기의식을 느끼고 물타기를 해서 비슷해져 가지만 그 강도에는 차이가 있다. 문제는 집권 전에는 모두 재벌개혁, 경제민주화, 복지 강화를 부르짖다 집권만 하면 흐지부지해질 가능성이 크다는 것이다.

재벌개혁을 부르짖는 야당 의원이나 사회단체에는 일반인의 후원금이 몰리고 상대적으로 개혁 강도가 약한 새누리 측에는 슬그머니 재벌 옹호론자들 다수가 공천을 받았다. 이들 공천을 위해 재벌들이 조직적으로 뛰었다는 이야기도 파다하다.

결국 총선, 대선을 넘기고 집권하면 어느 쪽이나 공약을 수정하여 재벌개혁, 경제민주화, 복지 강화가 후퇴할 것이 틀림없다. 왜냐하면 여야의 공약들이 거시적, 장기적 관점에서 생각하지 않고 선거를 겨냥하거나 진영논리에 의해 만들어졌기 때문이다. 그리고 그러한 변화를 끌고 갈 만한 정치인의 의식변화가 수반되지 않고 있기 때문이다.

이상 살펴본 진영논리와 함께 문제가 되는 것은 '허울 좋은 가짜 명분'들이다. 완전국민경선과 공천개혁, 검찰개혁, 권력비리 폭로, 새 정치세력의 등장, 선동 등이 그것이다.

첫째, 완전 국민 경선과 공천개혁 문제이다.

지난 2002년, 2007년 대권의 향배는 여론조사가 갈랐다. 나는 근본적으로 여론조사에 의한 경선은 사기라고 생각한다. 솔직히 지난 몇 년간 여러 군데서 여론조사가 조작되었다는 이야기도 숱하게 들었으며 심지어 여론조사 경선에 대응하기 위해 개발된 기법도 들었다. 상향식, 민주적 방식인 듯 포장된 여론조사 제도는 정치적 사기이다. 이런 여론조사와 마찬가지의 문제점들을 포함하고 있는 완전국민경선제의 허구는 앞에서 상세히 기술한 바 있다.

공천 개혁을 위해 외부에서 데려온 공심위원들 또한 공심위를 뒤에서 조정하여 나눠 먹기 위한 편법에 불과하다. 여야 자신들이 직접 공천하고 그 결과를 국민에게 직접 심판받지 왜 굳이 공심위라는 형식을 만들어 책임을 회피하는가? 그렇게 한 결과가 이 모양인가? 그러니 공심위원을 통한 청와대의 개입 이야기까지 나오지 않는가? 여야 모두 기존의 색깔을 강화시키는 인물들만 영입했지 자신의 색채를 바꾸려는 이종 교배는 하지 않았다.

둘째, 민주통합당은 지난 총선 당시 검찰개혁을 주요공약으로 들고 나왔다. 그런데 아이러니하게도 민주통합당은 검찰 출신들을 무수히 영입했다. 새누리당은 기존 검찰 출신에 새로운 검사 출신들이 많이 공천을 받았다.

장담컨대 지난 총선은 경선 과정까지 포함해 역대 최고의 당선 무효가 나올 것이다. 모순되고 허술한 경선 절차가 시빗거리를 제공했고 MB와 검찰은 검찰개혁을 들고 나온 정치권에 확실한 뒤끝을 보여주고자 벼르고 있다. 겉으로는 검찰개혁을 외치면서도 검찰을 영입, 공천하는 정치권은 대선과정에서 그 위선의 대가를 치를 것이며 이번에도 대선에서 큰 역할은 검찰이 하게 될 것이다.

셋째, 권력형 비리 폭로문제이다.

지난 총선 국면에서 야권은 민간인 사찰, BBK, 대형 권력형 비리 등을 준비하고 있었다. 정상대로 야권이 공격을 했더라면 이에 대응해 MB나 검찰은 친노세력 등 야권에 대한 폭탄으로 맞불을 놓았을 것이다. 서로 동시에 같이 죽는 길을 택할 것인가? 둘 다 입을 다물고 같이 사는 길을 택할 것인가? 답은 뻔하다. 굳이 총선 판이 한쪽으로 급격히 기울지 않은 이상 둘 다 사는 길을 택한 것이다.

넷째, 국민이 기성정치권에 환멸을 느낀 이 틈에 제3의 새정치를 하겠다는 사람이 있다.

안철수 후보이다. 과거 문국현, 정몽준 등 한국에서 대선에 출마해 제3의 새정치를 하겠다는 사람은 죄다 엄청난 부자들이었다. 재력이 있어야 세력이 붙고 사회 유명세, 언론 장악력이 생기기에 현재의 사회 풍토로는 돈 없는 신선한 제3 정치세력이 생기기는 어려울 것 같다.

다섯째, 최근 우리 사회는 팩트나 진실보다 선동에 의해 지배되고 있다.

팟캐스트, FTA 통과 주역 인물 등을 선거에 앞세워 선동의 정치를 하는 것은 국민의 인식을 진영논리에 따라 획일화시키고 편 가르기에 동참할 것을 강요하는 정치 퇴행적 현상이다. 어떻게 세상일을 획일적으로 진실과 거짓 두 가지로 나누고 두부 자르듯 양자택일할 수 있겠는가? 그러나 정치권은 선동을 앞세우면서 진영의 논리와 거짓의 명분으로 국민을 세뇌시켜 no brain한 상태로 만들어 가고 있다.

진영논리에 기생하고 허울 좋은 명분으로 먹고사는 정치권에 놀아나는 국민들만 불쌍하다.

선거만 끝나면 잊혀질 소외계층

정치권은 항상 선거를 맞아 각종 서민 대책과 공약을 앞다퉈 내놓는다. 지난 총선도 마찬가지였다. 그러나 비정규직, 소자영업자 등의 대책이 총선국면에서 주요공약으로 나오지 않았다는 사실 자체가 이들에 대한 관심의 정도가 우리 사회에서 어떠한가를 반영하고 있다.

IMF 이후 한국사회에서 평생직장과 성규직 개념은 무너지기 시작했고 비정규직, 파견직, 임시직 등 다양한 이름의 임시근로자들이 늘어나기 시작했다. 다른 한편으로 한창 일할 나이에 직장에서 쫓겨나

동네 빵집, 식당, 슈퍼 등 소자영업자로 전락한 수많은 사람들이 있다.

우리 사회의 비정규직 숫자는 800만 명이 넘는 것으로 추정되고 있으며 중소자영업자는 동반 근로 가족포함 750만 명가량 되는 것으로 보인다. 실질적으로 경제활동 인구 2,400만의 절반 이상이 비정규직이거나 중소자영업자인 것이다.

또 기초생활보장 수급자 외에도 법적인 범위를 벗어난 실질적 빈곤계층이 전체국민의 15%가량 되는 것으로 집계되고 있다. 이들은 최저 생활비 수준 근처이거나 그보다 못한 수준에서 빚을 내어 생활하는 계층으로 추정된다. 65세 이상 노인인구의 최소 절반이 빈곤계층에 포함되고 있는 것도 현실이다. 또 국민의 2.5%인 220만 명가량이 장애인으로 집계되고 있다. 순수 청년실업자도 300만 명이 넘는 것으로 추정된다.

문제는 뻔한 325조가량의 국가 예산으로 이들의 문제를 모두 해결할 방법이 없다는 것이다. 솔직히 말해서 세금을 획기적으로 거두지 않는 이상 국가 예산으로 보육, 교육, 의료, 주거, 노후, 고용 등 5대 국민 불안을 전부 해소 하겠다는 것은 새빨간 거짓말이다. 여야 정당은 선거에서 표를 얻기 위해 국민을 상대로 거짓을 말하고 있다.

정치권이 진정으로 소외계층을 보듬고자 한다면 '이해 상충'의 문제를 정면으로 거론해야 한다. 비정규직 문제를 보자면 '정규직노동자의 철밥통 문제'를 거론하지 않고는 해결이 불가능하다.

이와 관련해 재미있는 이야기를 들은 적이 있다.

지난 총선에서 여당이 고전하고 있던 한 지역에 그 지역 주민 다수가 종사하고 있는 회사 오너이자 정치인이 가서 수년 내에 비정규직을 없애겠다고 하자 곧바로 여당의 확고한 우세로 돌아섰다고 한다.

먹고 사는 문제는 당사자는 물론 그 가족의 행복과 삶이 걸려 있는 중요한 문제이다. 비정규직 근로자들에게 정규직과 같은 동일노동, 동일임금을 실현하려면 사용자, 정규직 노조, 비정규직, 정부가 모여 합의를 이루어야 한다.

오늘날 세계적 복지국가를 이룩하고 있는 스웨덴은 노사정 대 타협을 통해 정규직의 비정규직에 대한 과감한 양보를 이끌어냈으며 80년이 지난 지금까지도 협의 틀을 유지하고 있다. 독일의 경우 또한 마찬가지이다. 정규직 노동자의 비정규직에 대한 임금과 처우의 양보와 사용자, 정부의 열린 자세가 없이는 비정규직에 대한 처우개선은 절대 불가능하다는 것이 '불편한 진실'이다. 그럼에도 진보진영과 야권에는 정치적으로 조직화되고 투쟁력을 갖춘 정규직 노조의 대표자들이 노동계를 대표해 자리 잡고 있다. 그들은 겉으로 비정규직에 대한 포용과 동참을 말하지만 실제로는 자신의 밥그릇을 눈곱만큼도 양보하거나 비정규직이 조직화 되는 것을 원하지 않는 것도 이들이다. 정규직이 비정규직 문제를 제로섬으로 생각하는 한 이 문제는 답이 없다.

중소 자영업자 문제도 마찬가지이다. 재래시장 보호, 골목상권 보호, 대형 할인점 규제만으로 중소자영업자가 살아나는 것은 아니다. 해결책은 재벌과 같은 대형자본이 아예 중소자영업자의 영역에 진출하는 것을 엄격히 금지하고 제조와 유통의 영역 사이에 완전히 차단벽을 치는 것이다. 유럽에는 영업시간, 영업지역까지 규제하는 마당에 이것을 못할 것이 뭐 있겠는가? 나아가 공정거래법을 매우 엄격히 적용하고 제조, 금융, 유통, 프렌차이즈사업 등 각종 서비스 분야에서 재벌과 대자본의 참여를 제한하고 이를 감독해야 중소 자영업자가 살아날 수 있을 것이다.

그럼에도 여·야당은 기껏 골목상권 보호가 중소자영업자 보호 대책의 전부인 것처럼 언급하고 있다. 이미 그 정도로 해결되기에는 대자본의 침투가 너무 심각하다.

조세문제도 감세 철회와 부자증세만이 해결책이 아니다. 조세 부담률의 증가는 복지사회로 가기 위해 반드시 실현되어야 할 과제다. 그러나 국민의 절반 이상이 복지를 위해 증세를 할 의사가 없다고 말하고 있다. 우리나라의 사회보험료를 포함한 조세 부담률은 유럽 선진 복지국가의 절반가량밖에 되지 않는다. 그런데도 세금이라는 말만 꺼내면 다수 국민이 염증을 내는 이유가 있다. 상위 1%의 진정한 부자들이 막대한 소득을 거두고도 이런저런 명목으로 세금을 내지 않고 불로소득으로 빠져나가고 있는 우리의 현실 때문이다.

상위 5% 내의 상당한 부자들인 변호사, 의사 등 전문직 계층과 고소득 자영업자들은 탈세를 밥 먹듯이 하고 있다. 성형병원, 미용 업체, 전자상가 등에 가서 현금으로 내면 깎아 준다는 말을 안 들어 본 사람 있는가? 사교육비는 카드를 받지 않는 곳이 수두룩하다. 대부분의 부자는 각종 탈세로서 자신의 부를 유지하고 세습시키고 있다.

이런 상황에서 월급쟁이 중산층만 세금폭탄을 당하니 어떻게 조세저항이 없을 수 있겠는가? 말로는 경제민주화, 재벌개혁을 운운하면서 해외 자금도피, 돈세탁, 비자금 조성, 재벌계 보험 및 금융회사의 탈법 등에 과감한 처벌을 하고 과세 수위를 높이겠다는 말은 누구도 하지 않는다. 정치인 대다수가 5% 내의 상류층이기 때문에 그래서 그들의 계급이해를 지켜야 하기 때문에 그러한가?

실질 빈곤계층과 장애인 등 사회적 소외계층의 실질생활비용을 절감시켜 사회적 임금형태로 소득을 보전해 주려는 체계적인 내용은 보이지 않는다. 솔직히 지금 우리 사회의 수준이 보편적 복지로 갈 만큼이 되는지 의문이다. 또 거기에 합당한 세금을 내자는 사회적 합의도 순조롭게 이행될지 미지수다.

일부 진보지식인들이 선거를 겨냥한 정치적 목적으로 밀어붙이는 보편적 복지 때문에 지자체 예산이 거덜 나고 이로 인해 실질적으로 복지 수요가 시급한 빈곤계층이 오히려 피해를 받고 있는 것이 아닌지 점검되어야 한다. 나는 복지 국가가 무엇보다 중요하다고 생각하기에 하는 고언이다. 220만 장애인과 500만이 넘는 노령인구 중에 전혀 복지의 대상이 아니면서도 복지수혜를 받고 있는 이들을 '선별적'으로 들어낼 방법도 고민해야 한다.

300만 명이 넘는 청년실업자들을 국가가 직접 보건, 복지, 문화, 교육 등에 고용해 모범을 보이지 않으면 청년실업의 해결은 요원하다고 본다. 전시성 예산과 토건에 들어가는 예산만 줄여도 충분히 가능하다. 국가주도로 고용창출을 하고 월 200만 원으로 생활할 수 있는 저비용 사회구조를 만들어야 한다. 선성장에 의한 낙수 효과를 언급하며 대기업 고용창출을 부르짖고 있는 것은 본질을 외면한 사기극일 뿐이다.

　정당 정책비용으로 수백억씩을 지원받고 있는 주요 정당들이 선거 공약이랍시고 내는 모양을 보면 한심하다. 이 모든 불편한 진실들은 외면하고 오직 곳간 퍼다가 주는 공약만 남발하고 있다. 재작년 일본 민주당은 자민당 60년 아성을 깨고 '진실을 외면한 선심 공약'으로 집권했으나 그 후유증으로 인해 아무것도 못 하고 있다.

　정치권, 철밥통 노조, 문어발재벌, 지하경제, 탈세를 누리는 부자 계층… 이와 같은 우리 사회의 '언터쳐블들'을 모른 체하고, 누구도 불만 없는 무난하고 편안한 공약만으로 집권한 정당들이 진정 소외계층을 챙길 수 있을지 보나마나다.

　지난 19대 총선후보자 재산평균은 새누리 42억 9,470만 원(정몽준 제외), 민주당 12억 2,259만 원, 자유선진당 11억 4,457만 원, 통합진보당 3억 5,936만 원으로 모두 국민재산 평균인 2억 5천만 원보다 높나. 참고로 여야 비례대표 후보 188명의 평균재산은 15억 3,124만 원이었다. 그럼에도 이들은 연봉 1억이 훨씬 넘는 국회의원 월급과 200가지가 넘는 특혜의 청산에 대해서는 말하지 않는다. 기껏 세비 10%를 삭감한다는 것이 쇄신파 국회의원의 개혁안이다.

　나는 국회의원의 계급이 진정으로 서민과 동일해지지 않는 한 그들은 소외계층을 위한 사회개혁에 절대 나서지 않을 것이라 생각한다.

6부
안철수! 정치하지 마라

이를 통해 볼 때 20년 10.5%는 매우 악의적으로 긴 만기와 높은 이자를 정한 사례이다. 이런 식으로 따지면 BW 25억 원의 액면금액을 이자 10.5%, 만기 50년짜리로 발행하면 약 1,698만 원에 인수할 수 있고 더 나아가 100년짜리로 발행하면 단돈 11만 5,270원에 인수할 수 있다.

⋮

이자율과 만기를 종합해 점수를 매긴다면 안철수 BW(할인율 86.5%)가 상장, 비상장 817개 회사 풍들이 단연 돋보이는 1위 금메달감이다.

— '10.5% 이자에 20년 선할인' - 사기꾼도 않는 행태 中에서

안철수는 만들어진 신화이다

대선 출마를 선언한 후 주로 안철수가 했던 말의 특징은 '저는 미래 세력이고 나머지 기성정치권은 다 과거 세력이다.'라는 것이었다. 그래서 그는 미래와 변화, 쇄신, 시스템의 개혁을 이끌어 갈 사람이며 기성정치에 상처받고 병든 서민과 중산층, 청년세대들이 미래를 위해 자기를 선택해야 한다고 주장한다. 안철수는 박근혜의 '과거사', 문재인의 '노 대통령 정권에 대한 부담'에 비해 자신은 하늘에서 뚝 떨어진 미래 지향적 인물이라고 속여 왔었다. 그리고 일부 언론이나 평론가들은 2012년 대선이 과거와 미래의 싸움이기에 안이 절대적으로 유리한 입지와 명분을 확보하고 있다고 말하기도 했다.

여기서 당연히 갖게 되는 합리석 의문은 '과연 안철수의 과거는 기성정치권의 박근혜, 문재인에 비해 상대적으로라도 깨끗하다고 자부할 수 있는가?' 하는 대목이다. 나는 안철수가 말하는 내용들이 안철수가 살아온 전형적인 한국 상류층의 행태와 너무나 대비되기에 생경하기까지 하다.

최근 《안철수, 만들어진 신화》를 내면서 많은 격려와 동시에 비난도 받았다. 이 책이 누구에게 유리하고 불리하든지 내 관심사가 아니다. 공직에 임하려는 사람으로서 그의 인생은 당연히 검증되어야 하고 그에 상응하는 대가가 주어지는 것이 상식적 사회라고 생각한다.

설사 내가 틀렸다 할지라도 지금 안철수에게 줄 서고 붙어먹기에 바쁜 지식인, 정치꾼, 사이비 종교인, 딴따라들 보다, 대세인 그에게 맞서 홀로 싸우는 내가 적어도 인간적으로는 낫지 않을까? 진실이 진실로 밝혀지기까지는 '시간 지체 현상'이 있기 마련이다. 시간이 지나고 세월이 흘러야 진실은 밝혀지는 것이며 그때는 우리 모두 죽었을 수도 있을 것이다.

안철수는 후보를 사퇴하고 선거 지원세력으로 전락했지만 안철수 개인의 문제들은 계속 짚어져야 한다. 그러하기에 나는 여기서 지난 《안철수, 만들어진 신화》에서 다루지 못했던 내용들과 새롭게 나타난 의혹들을 정리하고, 대선이라는 정치이벤트에 상관없이 '안철수라는 사람의 위선'을 독자들에게 알리고자 한다.

악의 근원 BW

안철수 측 BW 해명에 대한 반박

내가 책을 내고 언론에 나와 안철수의 BW 의혹에 대해 여기저기서 떠들고 다니니 그제야 반응을 보여왔다. 그리고 해명이랍시고 측근들을 내세워 사실과 다른 내용들로 나를 압박해왔다. 이에 나도 그들의 해명에 대한 반박을 해보고자 한다.

첫째, 안철수 측은 가족이 이사, 감사로 참여한 점에 대해 상장 전에 그만뒀기 때문에 문제가 없다고 했다.

2001년 3월에는 이미 안철수 주식이 286만여 주로 늘어난 상태이다. 상장(2001년 9월) 시 평가이익을 취할 준비가 사실상 모두 끝난 시점이다. 상장 전 주식을 수백만 주로 대폭 늘리는 과정이 중요했지 상장은 이미 정해진 요식행위에 불과했다. 이들 가족이 재임한 1998년

~2000년 사이 기간은 외부투자유치, 외부이사 선임, BW 발행, 무상증자, 액면분할, BW 행사 등 현재 BW 의혹과 관련된 모든 일들이 일어난 시점이다.

둘째, 안철수 측은 '진실의 친구들'에서 '삼성SDS, LG 창투 등'이라고 두 회사만 이사로 언급했다.

왜 산업은행, 나래이동통신 등 불리한 부분은 감추고 있는가? 산업은행 파견이사인 K 전 팀장(검찰수사 의혹 당사자), '브이소사이어티' 멤버인 L이사(나래이동통신 대표) 등을 감추기 위함이 아닌가? 여기서 당시 L씨 개인과 그의 회사는 수시로 장외에서 안철수 연구소 주식을 팔고 사지 않았는가? 또, 97년 한글과 컴퓨터가 안철수연구소에서 손을 뗀 뒤 그 주식은 누가 인수했는가?

셋째, 안철수 측은 BW 발행 시 다른 주주들이 반대하지 않았고 오히려 신속한 상장을 위해 BW 발행을 권유했다고 해명하고 있다.

그러나 이들 6대 주주는 안철수의 BW 발행을 동의하는 대가로 무상증자, 액면분할을 통해 주식 수를 29.23배로 늘려 각기 수백 수십억씩 벌어들였다. 앞서 언급한 L씨, 삼성SDS는 각각 90억 이상, 200억 이상의 시세 차익을 냈다고 언론보도에도 나와 있다. 이는 사실상 6명의 주주가 짜고 배임, 횡령을 저지르고 상장으로 인한 이익 추구에 공모한 것으로 보인다.

넷째, 안철수 측은 BW 발행 당시 행사한 5만 원은 모 회계법인 기평가금액인 30,170원(안랩 2월 14일 보도자료는 31,976원으로 되어있다. 숫자부터 제대로 정리하라!)보다 많은 금액으로 그 이전 투자자 누구보다도 높은 가격이라고 주장했다.

그러나 BW 발행가 5만 원은 엄밀히 말해 97년 4월에 삼성SDS 5만 원, 98년 12월의 LG 창투 5만 원보다 높은 가격이 아니고 같은 가격이다. 또, 매출 5억일 때와 10억일 때 행한 유상증자 시의 1주당 5만 원과 체르노빌 바이러스로 순익 매출이 폭등한 이후의 5만 원이 같은가? (99년 매출 83억) 수차례 6명의 주주밖에 없고, 장외거래가 또한 일절 없었다고 거짓말한 사실에 대해서는 왜 침묵하는가? 상증법상 미상장 주식의 시세 기준이 되는 장외거래가는 1주당 수십만 원이었다. 당당하면 당시 회계법인이 나서서 모든 자료를 공개하고 설명하면 된다.

안철수 측의 BW 해명을 보면 불리한 사실은 감추고 왜곡시키고 있고, 일방적인 전달방식으로 여론을 호도한다. '시사매거진 2580'의 안철수 검증은 결국 좌절됐고 시끄러웠던 BW 의혹도 포탈 등에서 제대로 기사화되지 못했다. 하지만 이런 식으로 끌고 가면 모든 사실이 감춰질 것이라고 보는 것은 오산이다.

'10.5% 이자에 20년 선할인' – 사기꾼도 않는 행태

2000년을 전후한 IT 버블 당시 행해졌던 여타의 BW 발행과 비교해 안철수연구소의 BW 발행은 매우 극단적인 형태의 발행수법을 시용하였다.

통상적으로 BW는 일반 금리수준이나 그 이하로 발행되는 게 관행인데 안랩 BW는 10.5%라는 고리에 발행되었다. 통상적으로 3~5년

이 만기 기간인데 비해 훨씬 긴 20년을 만기로 발행한 점에서도 매우 이례적이다. 즉 안랩은 20년의 할인율을 적용해(25억, 20년 만기계산 현재 가치 13.58% 환산) 권면금액 25억 원의 겨우 13.58%인 3억 3천9백5십만 원에 BW를 발행하고 이를 안철수가 인수한 것이다. 안철수의 실제 인수가는 3억 4천만 원이다. 간단히 말해 액면금액 25억 원의 회사채는 할인해 3억 4천만 원만 냈고 신주인수권은 25억 원어치를 애초 정한 대로 받아간 것이다.

이로 볼 때 안랩의 BW 발행은 경영자금 확보가 목적이 아니었고 특정인에게 큰돈 들이지 않고 지분을 늘려주는 편법 중의 하나였다고 보여진다. BW 발행으로 당시 법인 안철수연구소에는 겨우 3억 4천만 원민 들어왔기 때문이다. 더군다나 BW를 인수한 후 1년 뒤에 이자 3,705만 449원과 원금 3억 4천만 원을 되돌려받았다.

안철수는 BW 인수로 146만여 주를 인수했다. 때맞춘 무상증자, 액면분할과 연계된 BW 발행은 안철수연구소 상장(2001년 9월) 전 안철수의 주식을 늘려주기 위한 목적에 불과하다.

그러면 안철수가 신주인수권을 25억 원 그대로 행사하면서 사채는 할인하여 3억 4천만 원만 낸 것이 옳은 것일까? 이것이 과연 문제가 없는 것일까?

BW는 말 그대로 '회사채 + 신주인수권' 성격이기 때문에 회사채에 대한 이자를 받음과 동시에 신주인수권 권리도 갖게 된다. 그래서 통상적으로 회사채 금리보다 낮은 수준에서 이자율이 결정되는 것이다. 그 기간노 일반직인 기업외 경우 3년 만기가 대부분이다. 예외적으로

5년짜리도 있고 극히 일부 10년짜리가 있다. 20년 만기는 듣지도 보지도 못한 경우이다.(몇몇 회사가 50년 짜리를 발행했으나 대부분 사회적 지탄을 받거나 회사 문을 닫아야 했다.)

당시 사례를 보면 99년 2월에 삼성 SDS는 만기 3년 이자율 8%에, 나래이동통신은 만기 5년(이자율 안 나옴)에 발행했고 일부 IT 기업에서 만기 10년짜리를 10%에 발행한 근거가 나온다.

이를 통해 볼 때 20년 10.5%는 매우 악의적으로 긴 만기와 높은 이자를 정한 사례이다. 이런 식으로 따지면 BW 25억 원의 액면금액을 이자 10.5%, 만기 50년짜리로 발행하면 약 1,698만 원에 인수할 수 있고 더 나아가 100년짜리로 발행하면 단돈 11만 5,270원에 인수할 수 있다. 이것이 소위 투명윤리 경영을 지향하는 안철수 양심의 수준인가? 이왕 한 거 눈감고 차라리 100년짜리 BW를 발행하지 왜 20년으로 했는지 모르겠다. 편법은 쓰고 싶고 노골적으로 하기는 창피하니 20년이라는 어정쩡한 희대의 할인수법을 쓴 것이다.

이런 안철수 BW의 조건이 정상적인지 10년간 총 817차례의 BW 발행과 비교해보았다.

총 817건의 BW 발행사례 중 만기는 대부분 7년 이하다. 안철수 BW와 같은 만기 20년짜리는 하나도 없다. 이자율의 경우 안철수 BW 이자율 10.5%를 넘는 사례는 817건 중 10개가 있다.

이 중 8개는 이자율이 10.5%와 비슷한 수준이고 2개가 비교적 높다.(이자율이 비슷한 8개 중 12%짜리 하나는 만기가 2년이고 나머지 7개는 만기가 모두 3년짜리다.) 비교적 높은 나머지 두 개 중 이자율 17%짜리는 만기가 90일이고 이자율 30%짜리는 만기가 3년(할인율 54.5%)이다.

이자율과 만기를 종합해 점수를 매긴다면 안철수 BW(할인율 86.5%)가 상장, 비상장 817개 회사 통틀어 단연 돋보이는 1위 금메달감이다. 이래도 안철수 BW가 탈법이 아니고 정상인지 안철수와 금감원에 묻고 싶다.

2000년 당시 금감원의 입장

금감원은 2000년 5월 29일 'BW의 불공정 발행에 대한 대책 마련'이라는 보도자료를 배포한 바 있다.

그 내용은 〈99년 1월 이후 분리형 BW(신주인수권분리) 발행을 허용한 후 BW 발행이 증가하며 BW를 '대주주의 지분확대 수단' 등으로 악용하는 사례가 발생함에 따라 투자자 보호 대책을 마련했음〉이라고 되어있다. 참고로 안철수는 99년 10월 BW 발행해서 2000년 10월 행사했다.(이 금감원 보도자료는 2000년 5월 29일 자)

금감원은 그 구체적 문제점으로 다음과 같은 사항을 지적했다.

첫째, BW를 인수권(warrant)만 매입하면 자신의 지분율은 유지할 수 있기에 보유주식을 고가에 처분하여 capital gain(자본소득)을 실현할 수 있는 데 반해 대주주의 보유주식 처분에 따른 주가하락으로 일반투자자는 손실을 보게 된다는 비판적 견해가 있다고 지적했다.

둘째, BW 발행 이후 warrant를 대주주에게 헐값 매각할 가능성이 있는 것을 우려하고 있다.

셋째, 비상장 주식의 경우 신주인수권 행사가격을 낮게 책정하여 특정인에 대한 편법적인 재산상속 등의 수단으로 악용하는 사례도 발생한다고 금감원은 지적했다.

금감원은 '상장법인의 경우 BW 행사가격에 대한 규제(기준 주가의 100% 이상. 실제 1개월 1주일 3거래일 시세대로 발행해야 한다는 말)로 사례발생 가능성은 적으나 비상장 등록법인의 경우 그 개연성이 큼'이라고 적시하고 있다.

이런 일들로 해서 금감원은 BW 가격결정 과정의 공시, 불공정 BW 발행 등에 대한 감시를 강화해서 BW 발행에 대한 투명성은 높이고 대주주의 지분확대 등 악용사례를 줄여 투자자 보호에 기여하겠다고 금감원 스스로가 보도자료에서 말하고 있다. 이런데도 금감원장이 국감에서 'BW는 뭐라 말할 수 없고 당시 관행이었다'고 그들 자신이 낸 보도자료를 뒤집고 있다.

금감원은 이미 2000년 5월에 '비상장 회사 BW 발행'의 문제점을 깊이 인식하고 문제를 시정하겠다고 스스로 다짐하였던 것이다.

그랬음에도 이제 와서 금감원 스스로 자기가 한 말을 뒤집고 마치 안철수 BW가 장외의 비상장 주식이라서 할 말이 없다거나 관행이라거나 상법위반이 아니라고 거짓말하고 있다. 안철수 BW는 발행 시점은 1999년 10월이었으나 당시 이미 상장을 전제로 한 제반 작업이 진행되고 있었고 2000년 중반 금감원의 이러한 발표 이후에 실제 BW를 행사했다. 그리고 금감원에 상장을 위한 등록법인 신청서도 제출되어 금감원에서는 상장을 위한 심사과정을 통해 충분히 문제점을 인지할 수 있었을 것이다.

안철수 BW는 통상적이지도 관행적이지도 않으며 상법위반, 배임, 증여세 포탈, 사문서위조 및 행사 등이 포함된 매우 악질적인 금융범죄다. 그럼에도 이를 바로 잡아야 할 책임이 있는 규제 감독 기관이 성공한 범죄자에 대해 면죄부를 주면서 안철수 BW 편·탈법 발행을 용인하고 있는 것은 매우 큰 문제다.

새롭게 쏟아지는 의혹들

사당동 재개발 딱지와 전세 설움

대선 국면에 접어들면서 안철수에 대한 많은 의혹들이 제기되었다. '오랜 전세살이의 설움'을 허무는 딱지가 등장했고 안의 배후가 거론됐고 포스코 관련 안의 역할과 특혜가 드러났다.

그중 '사당동 재개발 아파트 매입 딱지'건은 그의 주거내역에 큰 의문을 품게 했다. 안철수 측은 '진실의 친구들'에서 부모소유가 아닌 타인 소유의 집에 전세로 거주한 기간이 8년이라고 밝혔다.(장모댁 거주는 8년 안에 포함하지 않았을 것으로 기대한다.) 이는 《안철수의 생각》에서 밝힌 오랜 전세생활을 입증하려는 눈물겨운 노력으로 보인다.

그런데 그의 전세기간 8년이 어떻게 합산해서 나오는지 도통 이해가 가지 않는다. 안철수는 자신의 전세기간이 언제 어디서 살아서 총

8년이 되는지 자세한 내용을 공개하지 않았다. 그는 2008년 귀국 이후 여의도 오피스텔에 전세로 거주해왔으며, 2011년 말 이후 그는 현재 살고 있는 용산의 주상복합에 전세로 이사했다.

그의 주거 형태는 의아한 부분이 많이 있다. 그는 대선 캠프를 앞두고 작년 9월 문정동 올림픽패밀리아파트(41평형)를 11억에 매각 계약한 뒤 12월 잔금을 완료한 것으로 알려지고 있다. 강용석 전 의원은 1989년 8월 이민 출국 후 국내 주민등록이 말소되어있는 장모 명의의 이촌동 아파트에 대해 차명에 의한 부동산 투기의혹을 제기한 바도 있다.

그가 전세를 살았던 여의도 오피스텔, 용산의 주상복합은 모두 전세금이 5~10억에 달하는 고급 주택이다. 이런 고급 주택에서 전세를 살고, 집도 소유하고 있는 그가 전세살이의 어려움을 이야기하기에는 부적절한 소재임이 틀림없다. 십억이 넘는 집이 있고 5억 대가 넘는 고급전세에 사는 사람이 오랜 전세살이의 어려움을 논하는가? 이는 월세 살거나 전세금 인상에 신음하는 서민에 대한 농락이다. 그는 사당동, 도곡동에 이어 자신 명의의 고가의 문정동 아파트를 누고 무슨 이유에선지 전세를 살았고 장모 명의의 이촌동 아파트는 차명 소유 의혹을 받으며 오랫동안 방치되어 왔기에 '캥거루'라는 소리까지 나온다.

이번 기회에 그는 8년이라는 자신의 전세살이 내역과 전세금 그리고 국내 및 미국의 자기 소유의 아파트 등 주거내역을 국민 앞에 낱낱이 공개하기 바란다.

어차피 '사당동 딱지구입건'과 '오랜 전세살이의 설움 진위 문제'가 터졌으니 속 시원하게 모두 밝히는 것이 국민에 대한 의무 아니겠는가?

보기 민망한 탄압 코스프레

금태섭 변호사는 새누리 측 정준길로부터 사퇴압력을 받았다고 주장하며 기관의 사찰의혹을 제기했다. 정준길은 2002년 초 서울중앙지검 특수3부 벤처비리 담당 주임검사였다. 그는 'BW 관련 여러 의혹에 대해 수사의 연장 선상에서 제가 누구보다 잘 알고 있을 거라고 금 변호사가 생각할 것'이라는 말을 했다.

이 대목과 관련 당시 판결문 '증거의 요지' 부분에 첨부된 피의자 진술과 관련해 '피고인 강성삼에 대해서는 수사기록 111쪽의 수사보고를 제외한다'고 되어있는 것으로 전해진다. 쉽게 말해 판결문에 강성삼의 수사기록은 전량이 첨부되지 않고 빠져있다는 것이다. 이 수사기록에 강성삼이 조사받으면서 나온 뇌물수수와 관련한 내용이 다 들어 있을 것이다. 그리고 기소되지 않고 빠져나간 인물들도 들어있을 것이다.

국민들은 대선후보에 대해 알아야 할 권리가 있다. 더구나 그것이 법적, 도덕적으로 치명적 결함이라면 더 말할 것도 없다. 정준길은 더이상 숨기지 말고 자기가 아는 사실을 국민 앞에 솔직히 공개해야 한다.

공교롭게도 금태섭의 회견과 때를 맞춰 한 언론은 강성삼의 단독 인터뷰를 통해 '뇌물 안 받았다'는 단독보도를 내었다. 뇌물수수 의혹의 일방이 대통령이 될지도 모르는 사람인데 순순히 뇌물 받았다며 자진 고백하겠는가? 이는 의미 없는 이야기다.

그는 상습적으로 안랩과 유사한 벤처사들로부터 뇌물을 받은 혐의로 징역 5년 추징금 11억 9천만 원을 선고받았다. 그는 산업은행의 벤처투자, 코스닥 등록지원, 이후 유무상 증자, 주식 액면분할 등을 원만히 처리해 주는 역할을 했다. 그리고 벤처사로부터 투자금을 회수하지 않을 것을 청탁받고 그 사례비로 주식과 현금을 다양한 수법으로 받은 바 있다.

위에서 언급한 사례는 안철수 연구소에서도 판에 박은 듯 똑같이 벌어졌던 일이다. 그래서 안철수의 검찰수사 및 강성삼 뇌물 의혹이 2002년 3월경부터 등장한 것이다. 숱한 의혹에도 잠적설이 난무하던 강성삼이 왜 금태섭이 기자회견을 한 그날 공교롭게 특정언론과 단독 인터뷰를 했는지 궁금하다.

인터뷰에서 강성삼은 '우리가 쫓아가서 제발 투자를 받아달라고 그랬던 상황이기 때문에….'라고 했다. 98년 당시 벤처 실태를 좀 아는 사람은 이 말이 얼마나 거짓인 줄 잘 안다. 산업은행의 투자유치를 위해 대부분의 벤처기업가는 담당자들에게 술사고, 뇌물 주고, 골프 지고, 목을 맸다. 그 과정은 강성삼 판결문에 세세하게 나온다.

당시 산업은행은 벤처투자 펀드 800억가량을 조성해 50여 개 벤처사에 투자했다. 강성삼은 99년 자기 은행이 투자해 상장 시도된 벤처사 6개 중 4개에서 뇌물을 받았다. 당시 10억 이하의 투자는 실무자 차원에서 결정됐다. 또한 산업은행의 투자를 받으면 창투도 따라 들어오고, 상장심사 등에서 매우 유리했다. 말 같은 소리를 해야 설득력이 있는 것이다. 이 사실도 다시 수사로 가려야 한다. 당사자가 나왔으니….

내가 생각할 때는 안철수 측의 검증 대처 방법에는 과거 운동권식의 '탄압 코스프레'가 깔려있다. 즉, 코너에 몰리면 '검증내용 유출 배후와 사찰의혹 운운하며 기관이 개입되어 있고 협박을 받았다'고 주장하는 식이다. 이는 결국 언젠가 터질 의혹을 스스로 먼저 공개, 물타기 해 사안의 본질을 흐리자는 검증 대응전략이다. 그러면서도 절대로 사찰이나 자료유출, 협박, 명예훼손을 법정으로는 가져가지 않는다. 안철수는 BW 관련 검사수사 의혹을 보도한 어떤 언론도 법적 대응을 하지 못했고 나 역시도 마찬가지이다.

'여자든 뇌물이든 앞으로 뭔가가 새로 나와도 다 우리가 미리 공작이라 말하지 않았냐?'는 것이 안철수 측 검증 대응의 공식이다.

정치 테마주 안랩

안철수가 계속 정치를 하기 위해서는 여러 의혹도 중요하겠지만, 2011년 9월 초 이후 자신의 정치 행보와 맞물린 안랩 주식 시세 폭등과 이로 인해 이익을 본 사람들에 대해서도 해명해야 한다. 이미 2011년 11월 안랩 주식이 폭등하자 안랩 주요 임원이 보유한 주식을 처분해 수억씩을 챙긴 바 있다. 그러나 이런 건 2대 주주 원종호의 의혹에 비하면 피라미 급이다. 원종호는 16민여 주를 판 1차 매도만 언론에 등장했고 41만 주를 판 2차 매도는 보도조차 되지 않았다.

내가 안철수의 배후를 언급하는 이유 중 하나가 원종호와 같은 수

상한 2대 주주가 정치 테마주로 7배 가까이나 투자수익을 얻는 비윤리적 행태를 보이는 데도 정부 감독기관의 제재는 허술하다는 점이다. 원씨가 사전에 안철수의 안개 같은 정치 행보 내막을 알 수 있는 위치에 있었다면 이것은 내부정보 이용에 의한 주가조작과 다름없다.

원씨는 안철수가 2008년 초 이후 MB 정권에서 이리저리 중용되고 정부가 그의 회사에 특혜를 주고 언젠가 대선 재목으로 지원할 수 있다는 것을 알 수 있는 인물일 것이다. 원씨와 안철수의 관계가 어떤지 원씨의 실체가 도대체 무엇인지, 권력핵심의 대리 투자자는 아닌지 하는 의문은 이번 대선에서 안철수 검증과 관련해 매우 중요한 부분이다.

왜 금감원은 1월 초 중대한 주가조작 혐의자의 차명계좌에 관해 조사가 들어갔으면서도 주식매도를 계속하도록 방치했는지 해명해야 한다. 금감원 조사 와중에 금융감독 기관을 우롱이라도 하듯이 주식을 대량 매도하는 이런 태도에 대해 왜 침묵하는가?

정치권은 이번 국정감사에서 안랩 2대 주주 원종호에 대한 신상정보 자료나 내부정보에 의한 주가 조작 여부의 조사에 착수했어야 했다. 그리고 금감원이 왜 원종호의 정치 테마주 투기행위와 차명 의혹에 대해 침묵하는지도 밝혔어야 했다.

원씨의 배후는 도대체 누구인가? 안철수의 배후와 무슨 관계가 있는가? 원종호는 이 모든 의혹이 싫다면 스스로 언론 앞에 나와 자신을 공개하고 자신의 투자자금 출처, 수익자금의 용처 등을 밝혀야 한다.

안철수의 정치행위는 그 회사 임원과 주변인물들을 수억 원의 돈

방석에 앉게 하였다. 또한 1,000억에 가까운 공짜 기부재단을 만들고 원씨에게는 1,100억 원 이상을 벌어주었다. 개미투자자가 날린 수천억 원이 이들에게 이전되었음에도 개미들은 안랩 주식의 볼모가 되어 안의 대선 출마와 당선을 기원했다.

대선후보가 자기 이름으로 된 코스닥 상장회사를 운영하면서 대선 출마 여부를 1년간 끌어 주식 가격을 500% 가까이나 폭등시켰다. 이것은 정치인으로서 책임윤리를 위반한 것이며 미필적 고의에 의한 주가 조작 의혹이 있다고 생각한다.

그의 정치 행동에 조언을 해주는 주변인사, 정치참모, 안랩 핵심임직원, 그와 긴밀히 연계된 핵심 정치권력 등은 안철수의 정치적 일거수일투족을 어느 정도는 포착하고 있었다고 본다. 또 안철수는 자신의 신상과 관련된 주요 정치적 발표를 대부분 오후 3시에 열어 사전정보가 없는 개미들이 대응이 불가하게 만들었다는 의혹 제기도 있었다.

그는 정치할 의사가 있었던 2011년 9월 초에 이미 주식을 전부 매각하거나 거래정지를 시키거나 회사를 완전히 떠났어야 했다. 그는 출마할 듯, 안할 듯 말을 수차례 애매하게 하여 주식을 등락시키고 개미들을 골탕먹여온 책임이 분명히 있다. 그는 자기 회사 주식 문제로라도 대선후보의 도덕적 자격은 이미 상실했다. 그의 회사 주가는 안철수의 향후 정치 행보에 따라 얼마나 큰 등락이 있을지 모른다.

흔히 자본주의하에서 주식투자는 개인 책임이라고 한다. 그러나 투자는 개인 책임이지만 공정한 룰은 정부가 보장해야 한다는 전제가 있어야 한다. 투자게임에서 작전과 정보를 이용해 상대를 속이는 것은 카지노에서 사기도박을 하는 것과 같다. 사기도박은 엄격하게 처벌하고 있지 않는가? 왜 주식 조작은 정부가 내버려두는가?

안철수가 진정한 폴리페서이다

안철수는 2008년 5월 1일 KAIST 경영대학원 석좌교수로 임명되었고 그의 부인은 동 대학 의료과학 대학원 부교수로 임명되었다. 이후 3년 만인 2011년 6월 1일 서울대 융합과학 기술대학원장 및 전임교수로 (대학원 신설 등에 따른 전임교수 특채)되고 그의 부인은 생명공학 정책 부문에 정년보장 교수로 특채되었다.

이 과정에서 부인의 호봉책정(부교수 3호봉 → 정교수 24호봉), 정년보장, 대학본부의 요구에 의한 정치적 임명, 유례없는 부부특채 시비가 일었고 교수임용 심사위원 1명이 사퇴했으며 임용 가부에 대한 투표까지 갔다. 이미 2009년 3월 서울대 융합과학기술 대학원이 개원되어 있었고 초대원장도 이미 임명된 적이 있어 신설대학원 특채라는 명목이 거짓이라는 사실도 밝혀졌다.

안철수는 사실 의학박사 외에는 박사학위가 없다. 그리고 그의 논문실적 또한 총 5개뿐이다. 이 중 2개는 88년 석사논문 91년 박사논문이고 학위 취득과 관계없는 순수한 논문은 3개뿐이다. 그나마 순수한 논문 3개 중 독자적이고 유일한 단독논문은 93년 군의관 시절 대한의학협회지에 실린 '의료인의 컴퓨터 활용 범위'뿐이고 나머지는 제1 저자가 아닌 공동 논문이다.

안철수 스스로 '교수임용 인사규정에 따르면 자기는 교수가 못 된다'고 말한 바 있다. 교수로서 학위나 논문실적도 자격 미달인 안철수가 그것도 부부가 같이 붙어서 KAIST와 서울대를 옮겨 다닌 것은 사실상 강의실적보다는 정치적 이유와 홍보용 마케팅 차원에서이다.

왜 그는 남들이 부러워하는 KAIST 석좌교수를 3년 만에 버리고 서울대 대학원장으로 왔을까? KAIST는 그와 그의 부인 임용에 파격적 특혜를 주었다. 그럼에도 그는 3년 만에 KAIST의 배려를 물리치고 부부가 나란히 서울대로 옮겨왔다. 서울대 대학원장직은 서울대 교수가 아니면 불가능하기에 그는 디지털 정보 융합학과 교수에 형식적으로 먼저 임용되고 곧바로 대학원장이 되었다.

그가 KAIST를 버리고 서울대로 옮긴 것은 대선 출마와 무관하지 않다는 것이 내 생각이다. 그는 2011년 6월 1일 서울대로 옮기자마자 '청춘콘서트'로 전국을 돌아다녔고 2011년 2학기가 시작된 9월 초부터 서울시장 출마 운운하며 본격적인 대선 행보를 시작했다. 서울대는 국립대 정교수가 지켜야 할 의무강의 시간을 무시하고 예외적으로 강의를 빼주는 친절한 배려를 했다.

그는 정치 행보를 하기 위해선 대전에 있는 KAIST보다는 서울대로 근거지를 옮겨가는 것이 유리하다고 본 것이며, 서울대 원장으로 사회적 지위를 level up 하는 부수적 효과도 기대한 것으로 보인다. 물론 대학원장이라 수업부담도 줄어들어 정치하러 다니기에 부담도 없다.(주당 9시간→ 주 3시간 수업 연간 두 번) 그는 출마 선언을 하며 서울대 교수와 대학원장직을 그만뒀다. 그러나 그의 부인은 여전히 논란 속에서 서울대에 재직 중이다. 서울대는 그의 논문표절에 대해 부분 표절 의혹이 있으나 제3 저자라 문제가 되지 않는다는 결론을 내려주었다. 그는 결국 정치를 하기 위해 서울대로 옮긴 것이다.

지금 그는 자신의 정치 행보와 경력세탁을 위해 KAIST와 서울대를 농락하고 있다. 그리고 그 피해는 고스란히 그 학교의 학생들에게 돌아간다. 그러나 이보다 더 심각한 문제는 교육공무원 안철수의 정치 행보를 바라보는 사회의 이중 잣대이다.

지난 18대 총선에 출마했던 김연수(체육교육과) 서울대 교수는 육아휴직 신청이 받아들여지지 않자 강의를 접고 선거운동에 나섰다가 감봉 3개월의 징계를 받았다. 이후 조국(법대) 교수를 비롯 서울대 교수 81명이 공천탈락이나 낙선 후 복직신청 시와 국회의원 임기 만료 후 복직신청 시 엄격한 심사를 해야 한다는 폴리페서 윤리규정을 이장무 총장에게 건의하기도 했다. 당시 김연수 교수는 많은 비판을 받으며 남양주에 출마해 낙선의 고배를 마셨다.

폴리페서로 치자면 김연수보다 서울대로 옮기자마자 강의는 별로 없이 정치활동에 본격적으로 나선 안철수가 더 심하지 않은가? 그는 2011년 2학기에 강의 하나 없이 8,000만 원가량을 받아갔다. 그리고 그의 직함에 서울대 대학원장이자 교수라는 거창한 타이틀을 달고 KAIST 석좌교수 훈장까지 붙여 국내최고 명문대학을 자기 정치행위를 위한 경력세탁으로 이용했다. 그는 국민의 세금으로 월급 받고 경력도 upgrade했다. 물론 정치 활동을 하기에 충분한 시간까지 보장받았다.

그럼에도 조국을 비롯한 강남 좌파, 진보적 지식인 어느 누구도 안철수에게 '폴리페서'라고 하지 않는다. 서울대로 옮기자마자 아예 배째라는 듯이 노골적 정치 활동을 하는 안철수에게 한국 최고 지성의 집단이라는 서울대에서 아무도 말 한마디 못하고 끙끙 앓고만 있다.

나는 서울대학 졸업 이후 한 번도 학교에 가지 않았다. 대학 다니면서 교내상황 개혁과 학원 민주화 운동을 하다 하도 더러운 꼴을 자주 봐서 졸업 이후 학교 근처는 아예 쳐다보기도 싫었다. 그래서 석사 2년을 다니고 논문도 내지 않았다. 이후 20년이 지났음에도 아직도 학교 꼴이 저 지경인 것을 보면 학교 문패를 내리는 게 낫겠다는 생각까지 든다.

내가 볼 때 총선 출마로 휴직계를 냈다가 반려되고 징계까지 받은 김연수 교수보다 안철수가 훨씬 악의적이고 노골적인 '폴리페서'다. 그럼에도 안철수가 하는 모든 행동은 상식이며 소통이라고 찬양하고 그에게는 '폴리페서'라는 말 한마디 못하는 우리 사회 풍토가 한심하다.

안철수의 위선

안랩의 비도덕적 경영

안철수연구소의 상시 직원 비율이 5년간 48.4%인 것으로 확인되었다. 이는 세무서에 제출하는 중소기업검토표 상에서 확인 가능한 2004년에서 2008년 5년간의 상시직 대 비상시식(임원, 일용직, 3개월 내 계약직, 연구직)의 비율에서 확인되었다. 2009년 이후는 중소기업검토표의 금감원 전자공시시스템 공시의무(DART)가 없어져 확인이 불가능한 상태이다.

안랩은 2004년 62.9%, 2005년 48.2%, 2006년 45.5%, 2007년 35.6%, 2008년 49.8%로 5년간 평균 48.4% 상시직 고용을 했다.

'중소기업검증표'에 따르면 '매출 300억 원 이하'와 '상시적 직원 300명 이하'라는 두 가지 기준을 충족해야 중소기업으로 인정되며 각종 중소기업 혜택을 받을 수 있게 된다. 그리고 임원, 일용직, 3개월 내 계약직 등과 연구직은 상시 직원 분류에서 제외된다. 어쨌든 안랩은 '확인 가능한 최근 5년간' 동안은 중소기업 혜택을 유지하기 위해 300명 이하의 상시 직을 유지하려고 무지 노력한 것으로 보인다.

안철수 원장은 틈나는 대로 20, 30대 청년층이 겪는 청년실업, 비정규직, 청년해고 문제에 대해 공감과 힐링을 말해왔다. 다음은《안철수의 생각》중 한 단원인〈기업에도 독이 되는 고용 없는 성장 – 정리해고와 비정규직과 청년실업〉에서 그가 언급한 내용들이다.

> 대다수 국민들에게 급한 것은 일자리가 늘어서 취업이 좀 됐으면, 지금 나가는 일터에서 좀 더 안정적으로 일하면서 벌이가 좀 나아졌으면 하는 것인데요.(163p) 중소기업에서 일하는 비정규직이 정규직으로 전환되는 등 근로 여건 개선도 가능할 것이고요. 자영업자의 형편이 좋아지면 추가 고용 여력이 생길 수 있고요. 중소기업이 중견기업으로 커 나가고 벤처도 성장하면서 일자리가 창출될 수 있습니다.(164P) 비정규직 고용은 사실 회사 입장에서 필요할 때 일을 시키는 방식으로 노동 유연성을 확보할 수 있다는 점에서 정규직보다 더 많은 돈을 주고 일을 시키는 게 맞습니다. 그런데 우리는 기업의 경비절감 수단으로 돈을 더 적게 주면서 OECD 국가 중 가장 많은 비정규직을 쓰고 있죠. 외환위기 이후 급속하게 늘었고요. 기업들이 비정규직을 남용할 수 없도록 '동일 가치 노동 동일 임금'(같은 가치를 지닌 노동에 대해서는 성별, 연령, 신분 등에 따라 차별하지 말고 같은 임금을 줘야 한다는 원

칙. 국내에서는 같은 일을 하는 정규직과 비정규직의 임금을 차별하지 않아야 한다는 맥락에서 많이 거론됨)이 지켜질 수 있게 제도화해야 합니다.(172p)

많은 기업들이 인건비를 줄이는 것으로 비용절감을 꾀하는 것도 따지고 보면 당장의 이익에 급급하기 때문인데요. 인건비와 R&D 비용의 절감은 단기적으로 이익률을 개선시킬 수 있을지 몰라도 장기적으로는 큰 손실을 초래할 수 있습니다.(175~176P)

그러나 그가 과연 안랩의 투명경영을 위해 무엇을 했는지, 비정규직을 개선하기 위한 최선의 노력을 다했는지 상시 고용 숫자를 보면 의문이 든다.

그는 5년간 평균 48.4%의 상시직 고용을 유지하였는데 2005년~2007년 그가 미국에 유학 가 있는 동안은 특히 상시 직원 고용비율이 매우 낮았다. 심지어 2007년 유학 마지막 해에는 35.6%라는 말이 안 되는 상시 직원 비율이 보인다. 자신의 가족과 미국에 유학산 사이 회사는 '비정규직'과 '정부의 세액공제를 받는 연구직'들로 넘친 것이다.

그는 막대한 수익률과 자신에 대한 높은 배당률을 자랑하는 회사에서 세금을 줄이고 상시 정규직을 줄이기 위해 편법을 써 온 것이 아닌지 의심된다. 안철수는 회사의 상시적 직원 비율은 절반 이하를 유지하면서 5년의 기간 동안 총 74억 7천만 원의 엄청난 배당을 받아 갔다. 그의 회사는 매출액 대비 순이익 비율이 매우 높아 2004~2008년의 5년간 평균 순이익 비율이 28.3%에 달한다. 유학 기간엔 국내에 없었으면서도 막대한 배당을 받아갔다. 참고로 연구직에 대한 세액공제도 결국 국민들의 세금으로 메꾸어야 한다.

말과 글에서는 투명경영을 외치고 비정규직, 청년실업, 저임금의 고충을 공감하면서도 자신의 회사에서는 이를 진정으로 실현하기 위한 노력을 했는지 의심이 든다. 그는 당시 IT 회사 관행상으로 연구직이나 비정규직이 많았다고 말하고 싶을 것이다. 그러나 안철수라는 인물이 위대한 성인의 반열에 오른 것은 그가 다른 통상적 벤처 사업가와는 다른 나눔, 소통, 공감, 배려에 능한 양심적 경영인이고 애국자라고 포장되었기 때문 아닌가? 독자들은 이 문제에 대해 한번 고민해 보기 바란다.

안철수는 재벌개혁을 할 수 없다

한국 6대 기업인 포스코가 본격적인 구조조정을 단행하고 있다. 2000년대 중반 이후 특히 현 정권 들어 급속히 몸을 불려 온 포스코의 방만한 경영이 드디어 한계에 부딪힌 것이다.

안철수는 2005년 2월부터 포스코 사외이사를 지냈고 MB 정권 들어 정준양 회장 체제 출범에 협조한 대가(?)로 2010년 2월부터 대선 행보 직전인 2011년 2월까지 포스코 이사회 의장을 지냈다. 아마 대선 행보를 안 했더라면 지금까지 포스코 이사회 의장을 지냈을지 모른다.

안철수는 입만 열면 재벌개혁, 중소기업 생태계, 재벌 동물원을 이야기했다. 또한 MB 정권의 동반성장과 상생에 대한 아이디어를 제공한 장본인으로 거론되기도 한다. 그런데 본인은 정작 정권의 하수인, 거수기 반장으로 포스코 이사회 의장직을 수행했고, MB 정권의 핵심들이 벌인 포스코의 문어발식 인수합병과 자원외교 참여에 대해 전혀 제동을 걸지 않고 적극 협조했다.

안철수는 양심이 있다면 재벌개혁, 경제민주화, 중소기업 동반성장 및 상생, 기업 생태계 혁신 등을 언급하지 말기 바란다. 수조 원의 국민 혈세가 투입된 포스코의 부실화에 대해 국민 앞에 사과하기 바란다. 2차 대전이나 한국전쟁 때 보면 부역을 할 때는 못해서 안달 나며 적극 앞장서다 시절이 바뀌면 그 시절이 불안과 공포였다고 시치미 떼는 자들이 많았다.

안철수는 최상위의 기득권층이다

안철수가 재벌개혁을 가장 강하게 말해도 재벌이 조용한 이유는 말뿐인 것을, 그의 배경을 잘 알기 때문이다. 안철수가 대통령이 된다면 한국의 정치시스템은 '기득권들의 권력분점' 시대로 향해갈 것이다. 재벌, 부패 정치인, 고위관료, 투기 상류층들이 권력을 적절히 나누어 갈라 먹는 시대가 본격화될 것이란 얘기이다.

안철수 가족의 삶은 우리 사회 기득권의 대를 이은 신분세습의 복사판이다. 그는 일본강점기 때부터 금융조합과 조선미곡창고에서 간부를 지내며 기득권을 누린 할아버지 밑에서 부유하게 태어났다. 역시 의사로서 부를 축적한 아버지 밑에서 그 시대에는 상상할 수도 없을 만큼의 고액과외를 받고 부친을 이어 서울의대에 들어갔다. 그는 고등학교 때 이미 재력이 있는 조부로부터 토지를 증여받기도 했다.

신혼 때에는 부모가 철거민에게 산 딱지로 인생출발부터 아파트에서 시작했고 이후로도 부동산에 관련해 토지분할, 부부간 다운계약서, 차명 구입 등의 의혹을 남겼다. 전형적 한국 강남 졸부의 부동산 투기행태를 해 온 것이다. 그리고 그는 군의관으로 일하며 주말마다 150번이나 비행기를 타고 서울 집으로 오갔다. 제대 후 안철수연구소를 창업하고 BW, CB 등 당시로선 생소했던 첨단 금융기법을 개척해 5만 주에 불과했던 주식을 292만 주로 늘리며 오늘날 부의 기반을 마련했다. 이후 그는 언론 인터뷰, 자서전 등을 통해 자기 PR을 시작했으며 마침내 열 개가 넘는 교과서에까지 자신의 일화가 실리게 되었다.

2001년 상장으로 부를 이룬 그는 2002년 딸과 부인을 미국으로 보내고 자신도 뒤이어 2005년 미국에 가서 전 가족이 4~7년씩 호화 유학생활을 하였다. 그의 가족 3명은 미국 실리콘밸리 최고급 동네 저택에 살며 최고경영자과정 등의 호화유학 생활을 만끽했다. 그의 가족의 유학생활은 평범한 서민이 상상할 수 있는 범주를 넘어선 것이다.(지난번 대선에는 후보 한 명의 아들이 미국 사립고에 유학 간 것이 큰 문제가 된 데 비해 이번에는 다들 너무 관대하다.) 안철수는 자신과 가족의 호화 유학생활의 비용과 그 출처 등을 공개할 의무가 있다. 또 사녀의 학력사항도 마찬가지다.

안철수와 그 집안의 결혼, 교육, 축재 등 삶의 내력은 한국사회 기득상류층의 모범적 성공 스토리이다. 그의 딸은 미국에 두고 부부간에 귀국해 학문적 성취와 관계없이 KAIST, 서울대 교수를 같이 역임하고 여러 정부위원회, 포스코 이사회 의장직을 거쳐 대선후보로 나선 것이다. 그는 역대 모든 정권에 잘 보이며, 정치와 기업이 서로 긴밀히 연관될 때 성공한다는 기득권층의 롤모델을 잘 수행해 왔다.

그의 인생살이를 살펴보면 전형적인 상류 기득권층의 인생을 살아온 것처럼 보인다. 이런 그가 생계가 어려운 서민과 출구가 막힌 갑갑한 청춘에게 '변화와 미래'를 이야기하고 있다. 안철수의 가계와 본인이 살아온 모습을 보면 완벽한 0.01% 상류 기득권층이다. 이들은 부의 편중과 승자독식 사회의 수혜자이다. 현재 전 세계에서 벌어지고 있는 자본주의의 대공황과 체제적 위기는 0.01% 상류지배층의 탐욕과 독식이 자초한 참화이다.

물론 기득권층이라도 변화, 개혁, 미래를 말할 수 있다. 과거 프랑스, 러시아 혁명 과정을 보면 귀족자제들이 혁명에 앞장선 내력도 많다. 그러나 이들 귀족계층의 현실참여는 '노블레스 오블리주'를 주장할 만한 개연성과 의식의 변화를 장시간의 실천을 통해 보여주었기 때문에 가능했다. 상류 계층의 헌신과 각성도 절대 쉽게 이루어지는 것이 아니다. 평소 뼈를 깎는 자기 성찰의 결과물인 것이다.

따라서 오늘날 우리에게 '미래와 변화'를 말하고 있는 안철수는 실제로 존재하는 안철수가 아니라 우리의 마음이 기억하는 안철수일지 모른다. 무엇보다 이제는 안철수 스스로가 자신이 살아온 과거나 추구했던 삶의 목적 등을 잊어버리고 자기 망각의 상태에 빠져든 것처럼 보인다. 안철수가 말하는 '미래와 변화'는 결국 산 너머 무지개가 있다고 믿고 산을 넘으면 또 다른 산 너머 무지개가 있는 현상과 같다. 세상 어디에도 과거에서 기반되지 않은 '미래와 변화'는 없는 법이다. 안철수는 미래와 변화를 말하기 전에 자신이 누구였고 어떻게 살아왔는지 먼저 말해라!

안철수! 정치하지 마라

안철수 신상털기의 진원지를 아십니까?

내가 안철수를 끝까지 반대하고 책까지 내는 이유는 그 치졸한 권력욕망의 대열에 가담하기 싫고 이런 꼴들이 보기 싫기 때문이다. 그렇다고 세상 더러운 꼴을 골방에서 무기력하게 지켜보기도 자존심 상하기 때문에 한번 해 보자는 것이고 그 결과나 승패에 눈곱만큼도 연연해 하지 않는다.

나는 그 시대에 벤처를 하며 살아온 인간들이 대체로 어떻게 처신하고 무슨 수를 써 왔는지 잘 알고 있다. 나도 그 시대에 봄날이 있었기에 벤처회사 오너 다수와 술 먹고 골프 치고 그래서 형님, 동생, 친구 하면서 그 이면을 지켜본 적이 있다.

그들은 도덕과 양심은 개나 주고 수단, 방법 가리지 않고 은행, 창투, 투자자 끌어들이고 실적과 기술을 부풀려서 BW, 유무상 증자, 액면분할로 주식 수를 뻥 튀겼다. 그리고 상장을 위해 변호사, 회계사 동원해 장부 맞추고 상장 감독 승인기관 로비하고 술 먹이고 그렇게 해서 상장되면 탈세해서 최소 수백억 이상 부자가 되었다. 돈이나 주식 등의 뇌물수수가 판을 치고 밤에는 술과 여자가 등장하고 골프가 주요일과인 시절 아니었는가? 그리고 그 부의 밑천은 개미들이 몰려들어 제공하지 않았는가?

그 시절에 용케 들키지 않고 감방을 모면했으면 행운이라 생각하고 조용히 살면 된다. 그런데 이런 시절의 한가운데를 살아온 이가 거짓 신화를 만들고, 교과서에 실리고, 성인군자가 되어 과거를 세탁하고, 대통령이 되려 하는 것은 매우 잘못된 일이다. 더욱이 누구 하나 나서 이런 문제를 지적하지 못하는 사회 풍토는 내 자존심이 도저히 용납할 수 없는 일이다.

나는 안철수를 도그마로 숭배하고 성역에 가둔 맹목적 광신도들과 비루한 지식인과 언론 그리고 그를 밑천 삼아 권력유지를 노리는 정치꾼들을 조롱하고 경멸하고자 함이지 어떤 정치적 목적도 없음을 여러 번 천명해 왔다. 내가 만약 현 정권이나 권력층과 가까웠더라면 그들은 나를 음험한 사찰기관의 끄나풀로 몰아갔을 것이다. 나를 조금만이라도 아는 사람이라면 내가 어떤 색채인지 누구와 싸워왔는지 노대통령, MB 양대 정권에서 얼마나 고생했는지 다 안다.

그런데도 한 진보성향 언론은 '안철수 신상털기의 진원지를 아십니까?'란 글에서 마치 내가 전직 정보기관 출신자들과 연계된 듯한 묘사를 했다. 나는 그 기자가 전화해 왔을 때 '내 말을 그대로 전달하지 않을 인터뷰를 할 필요가 있겠냐?'고 말한 바 있다. 나는 그 기자에게 내가 《안철수, 만들어진 신화》라는 책을 쓴 가장 큰 이유는 '안철수 배후에 MB가 있다는 것이 내 생각이기 때문이다.'라고 말했다.

또 지난 수년간 MB 정권을 누구보다도 앞장서 비판해 온 입장에서 이런 꼼수를 통한 정권 재창출을 막고자 한다고 했다. 그리고 '야권에 안철수 문제에 대한 충고도 여러 번 한 바 있으나 듣지 않아 곧 땅을 치고 후회하게 될 것이다. 안철수는 야권 뜻대로 움직여지지 않을 것이다.'라는 말도 강조했다. 그러나 그 기자는 나의 강조점을 다 뺀 채 '끝까지 검증 규명하겠다'는 말과 함께 안철수 비판자들의 음험한 부분만 강조했디. 소위 진보언론이라는 곳에서 나에게 실제 자행한 일이다.

나는 안철수가 정치를 하려고 한다면 지난 총선 전 정당을 만들고 자기의 새정치 정책과 비전을 구체적으로 제시해야 한다고 말했다. 더불어 자기 사람들은 기성정치인보다 얼마나 깨끗한지 국민의 심판을 받아야 한다고 줄곧 주장해왔다. 그러나 지금 안철수 주변의 몇 안 되는 핵심 인물 대부분은 법조인이거나 기성정치권 출신이거나 기성 고위관료 출신들이다. 이들이 도대체 무슨 새 인물인가? 나는 하늘 아래 새로운 것은 없다고 생각하는 사람이다. 새로운 것을 주장하는 사람은 가보지 않은 미지의 '새로움'을 팔아 사기를 치는 사람이다. 정치분야는 더더욱 하늘에서 뚝 떨어지듯이 비약과 도약이 있을 수 없는 매우 전문적인 분야이다.

그는 수영장 헤엄과 300명을 다스리는 데는 능숙했다고 하지만 수영장에서는 익사하기가 거의 불가능하고, 적은 숫자는 속일 수가 있다. 반면 태평양은 익사의 위험이 있고 많은 사람을 상대로는 오랫동안 속일 수는 없는 법이다.

사람의 실체는 살아온 궤적을 통해 알 수 있다

어떤 사람이 정치를 하겠다고 생각하면 그 이후의 행동이나 말은 자연스레 가식과 위선으로 포장되기 마련이다. 따라서 정치 입문 이전에, 즉 평소에 살아온 방식이 자신의 '쌩얼'인 것이다.

아파트 딱지와 지분 쪼개기, 오랜 전세살이의 가식, 호화유학 등은 그가 살아온 과정을 대변하고 있다. 그는 브이소사이어티에서 재벌 2세와 어울리고 술 마시며 벤처진흥이 아닌 코스닥 투기진흥을 논했다. 그는 벤처 열풍이 불 때 상장으로 인한 일확천금을 위해 유착거래, 주식 파킹 등 재벌 2세와 벤처 졸부들이 저지른 일 대부분을 같이 저질렀다. 그래서 그는 자기 회사에 노조도 못 만들게 하고, 다른 라인을 타면 짜르고, 자기가 저지른 의혹을 입 막고자 직원들에게 주식을 나눠주었다. 그것도 자신의 지분에서 1.52% 나눠주고 성인군자 행세를 했다.

그는 기초적 사회인식조차 결여된 채 재벌 2세의 사고와 동일시되어 그들을 벤치마킹했고 부를 형성해왔다. 그런 그가 이제 대통령이 되고 싶어 《안철수의 생각》이라는 진보의식을 차용한 짜깁기 책을 내고 가식을 떨고 있다.

그는 MB 정권 들어 정권이 주는 온갖 혜택을 향유하며 누려왔다. MB라면 치를 떠는 20, 30대와 진보세력은 왜 이 대목을 눈감고 모른 척하는지 이해하지 못하겠다. 나도 정치해 봤지만 세상에 공짜는 없다. 재벌들이 뒤바뀌는 정권에도 잘 적응해 사는 것처럼, 안철수도 이런 재벌의 행태를 본받아 DJ, 노 대통령, MB 등의 이질적 세 정권에서 무사히 감방 가지 않고 누릴 혜택은 다 누려왔다.

그 전성기는 MB 정권이다. 초일류 2개 국립대 교수직, 다수의 청와대 직속 위원회 위원과 위원장, 포스코 이사와 이사회 의장, 각 행정부서 자문위원 그리고 그 대가로 나온 회사에 대한 각종 특혜 등이 그에게 돌아갔다. 네 편 내 편 따지고 편 가르기 좋아하는 MB 정권이 왜 안철수와 그의 동료 법륜, 박경철에게는 따뜻했는가? 이것이 우연이라고 생각하는가?

그는 일찌감치 MB 정권의 다음 카드로 발탁되어 경력 관리 차원에서 키워졌고 치밀한 기획에 의해 마케팅 홍보되이긴 것이다 여기에는 차기 정권의 후환이 두렵다는 MB 세력과 재벌 간의 일치하는 이해가 있다. 그래서 이들은 그간 오랜 교류가 있고 부의 축적 과정에서 길들여지고 약점 잡기에서 확신할 수 있는 안철수를 대타로 내세운 것이다. 단 자신들과의 관계는 철저히 시치미 떼고 자기들에게 불리한 기성정치판을 업고 새판짜기를 겨냥한 모양새를 갖춘 것이다. 그러기 위해서는 20~30대 수도권 등 기성정치에 염증이 난 세력의 표가 필요했고, 이 표를 위해 기존 야권, 진보정당의 주장을 짜깁기하고 상식, 소통 운운 쇼를 했던 것이다. 이제 그는 국민들을 속일 만큼 속여왔고 그의 과거 모든 행적들이 드러나기까지는 오랜 시간이 걸리지 않을 것이다.

이소룡이 나오는 배틀 영화 '사망유희'(死亡遊戲)

죽음과 놀이가 한데 묘하게 얽힌 이 영화는 매 층마다 무술고수들을 한 번씩 만나 처치하는 요즘 전자오락게임 플롯의 원조 격인 영화이다.(이 영화를 찍는 도중 이소룡이 죽었고 나중에 한국인 대역이 절반 이상을 완성했다고 한다.)

MB와 안철수가 벌였던 대선 게임은 각 단계마다 쉽게 풀릴 수 없는 어려운 과제를 상대에게 던지고 곤혹스럽게 만들었다는 점에서 '사망유희'(死亡遊戲) 영화와 닮았다. MB와 안철수가 각 단계마다 던지는 숙제에 걸려 정치쇄신, 개헌 등을 만지작거리는 새누리당과 민주당의 모습은 마치 선생이 낸 숙제를 좀 더 잘하려고 고민하는 순진한 초딩의 모습과 같다. 결국 안철수와 MB가 이번 대선에 던진 '프레임'이었고 그 프레임에 걸린 새누리, 민주, 박근혜, 문재인은 그 프레임에서 헤어나오기 위해 많은 희생을 감수해야 했다.

안철수 본인은 자기가 대통령이 되거나 최소한 광은 팔 수 있다고 생각했겠지만 내가 볼 때 위험한 사망유희 놀이를 하고 있던 장본인은 MB와 안철수였다. 대선 후 새 정권이 약속하는 '사후 보장'이란 것은 해변 모래 위에 쓴 낙서만큼이나 허망한 것이다. 분권적 개헌공약 또한 아무리 약속하더라도 차기 대통령이 알아서 할 문제밖에 안 되는 것이다. 국민들이 개헌공약 지키라고 데모할 일 있겠는가? 그건 어디까지나 정파끼리의 나눠 먹기 게임밖에 안 되는 일이다. 대선에서 장난치다 실패하면 삼족이 멸하는 상황이 올 수 있다. MB와 안철수는 지금 자신들의 '사망'을 가지고 '유희'를 벌이고 있다.

끝으로 안철수에 열광하는 많은 청춘들에게 이런 질문을 던지고 싶다. 안철수의 신분과 계급 그리고 처지가 당신들과 같은 줄 아는가? 안철수가 당신들에게 자기 할 말만 할 뿐이지 쌍방 소통을 한 적이 있는가? 3대의 정권을 걸쳐 잘 나가려면 영혼이 맑으면 불가능하다는 것을 알고는 있는가? 안철수가 MB 정권에서 어떤 조사도 안 받고 그토록 잘나가는 것이 우연이라고 생각하는가? 당신들이 그토록 증오하는 MB가 왜 유독 안철수에게만 그토록 관대한지 한번 생각이나 해봤는가? 이상의 문제들을 깊이 고민해 보기를 부탁하며 이 시대를 살아가는 힘겨운 청춘들에게 마지막으로 한마디 남기고자 한다.

"청춘들이여 그대들에게 지금 필요한 건 '힐링'이 아닌 '정확한 현실인식'이다"

"나는 진리와 사상에의 맹종을 거부하고 지식인의 편 가르기와 비열함을 혐오하고 기득 상류층의 천박함과 노블레스가 없는 사회를 경멸한다. 돌이켜보면 시류를 거슬러 살아왔던 것 같다. 거친 황무지에 첫길을 가는 마음으로 매일 마음의 길을 만들며 살기를 다짐한다."

정치사기꾼과 세금도둑들

초판 1쇄 발행 : 2012년 12월 26일

지은이 : 황장수
펴낸이 : 김운태
펴낸곳 : 도서출판 미래지향

편집인 : 김운태
경영총괄 : 박정윤
마케팅 : 김순태
디자인 : 스텐리
인쇄 : 백산하이테크

출판등록 : 2011년 11월 18일
출판사신고번호 : 제 318-2011-000140호
주소 : 서울시 영등포구 국회대로74길 20 1014호
이메일 : kimwt@miraejihyang.com
홈페이지 : www.miraejihyang.com
전화 : 02-780-4842
팩스 : 02-707-2475

ISBN : 978-89-968493-4-6 (03340)
정가 : 14,000원

· 이 도서의 국립중앙도서관 출판시도서목록(CIP)은 e-CIP홈페이지(http://www.nl.go.kr/ecip)와 국가자료공동목록시스템(http://www.nl.go.kr/kolisnet)에서 이용하실 수 있습니다.(CIP제어번호: CIP2012005706)